EU PELO AVESSO
EU PELO AVESSO

Edmundo Vieira Cortez

EU PELO AVESSO
EU PELO AVESSO

Ferramentas de autoconhecimento
para seu sucesso

São Paulo
2009

Copyright © 2009 Alaúde Editorial Ltda.
Todos os direitos reservados. Nenhuma parte deste livro poderá ser reproduzida, de forma alguma, sem a permissão formal por escrito da editora e do autor, exceto as citações incorporadas em artigos de crítica ou resenhas.

1ª edição em fevereiro de 2009 - Impresso no Brasil

Publisher: Antonio Cestaro
Editora: Alessandra J. Gelman Ruiz
Capa e projeto gráfico: Walter Cesar Godoy
Ilustrações: Sillan

Dados Internacionais de Catalogação na Publicação (CIP)
(Câmara Brasileira do Livro, SP, Brasil)

Cortez, Edmundo Vieira
      Eu pelo avesso: ferramentas de autoconhecimento para seu sucesso / Edmundo Vieira Cortez. -- São Paulo: Alaúde Editorial, 2009.

1. Auto-ajuda - Técnicas 2. Auto-consciência 3. Auto-realização 4. Autoconhecimento - Teoria 5. Comportamento - Modificação 6. Solução de problemas I. Título.

08-12134   CDD-158.1

Índices para catálogo sistemático:
1. Auto-ajuda : Psicologia aplicada 158.1
2. Projeto de vida : Auto-ajuda : Psicologia aplicada 158.1

ISBN 978-85-98497-97-6

**Em conformidade com as novas normas
do Acordo Ortográfico da Língua Portuguesa**

Alaúde Editorial Ltda.
R. Hildebrando Thomaz de Carvalho, 60
CEP 04012-120 - São Paulo - SP
Telefax: (11) 5572-9474 / 5579-6757
alaude@alaude.com.br
www.alaude.com.br

O que sabemos é uma gota.
O que ignoramos é um oceano.
Isaac Newton

AGRADECIMENTOS

À Maria Almeida, minha dileta esposa, que, com uma revisão minuciosa, fez correções importantes da gramática e do texto.

À minha filha Samanta, que enriqueceu este livro com importantes detalhes.

À minha filha Parvati, minha grande incentivadora.

SUMÁRIO

Introdução.. 11

Capítulo 1 – Quem é você?.................................. 13
    O eu verdadeiro.. 13
    Essência.. 14
    Um dia você 15
    Scripts.. 16
    O self 17
    A missão... 19
    Os mandatos... 21
    O amor verdadeiro 23
    Livre arbítrio.. 26
    Inteligência 27
    A perfeição 28
    Meditação.. 29
    O pensamento... 30
    A crença 31
    Autenticidade 33

Capítulo 2 – Mente e cérebro 35
    A mente 35
    O cérebro 36
    Formação do cérebro 36
    Neurônios.. 37
    Envelhecimento cerebral.................................... 39
    Diferenças na estrutura cerebral........................ 40
    Hemisférios cerebrais 41
    Diferenças sexuais 41
    Os casamentos 42
    Capacidades individuais..................................... 44

Paradigmas 45
Predeterminismo 48

Capítulo 3 – O sucesso 49
Fatores de sucesso 49
Os vírus da comunicação 51
Discussão 52
Marketing pessoal 53

Capítulo 4 – Perfis individuais 61
Diferenças pessoais 61
Tipos de perfis 62
Atitudes e autoanálise 64
Teste dos quadrantes 65
Conflitos de perfis 72
Perfil do líder 72
Os perfis na família 73
Temperamentos 74

Capítulo 5 – Programas mentais 77
Programação mental 77
Desenvolvimento de programas 78
Características e diferenças neuropsíquicas 79
Mapa mental 80
Casos reais 86

Capítulo 6 – Emoções 95
Os sistemas básicos 95
Tagarelice e canção psicológica 96
Tipos de emoções 97
As reações de cada tipo de emoção 99
Teste das emoções 103
Controle das emoções 108
Palavras finais 109

Referências bibliográficas 111

Contato com o autor 114

INTRODUÇÃO

Reflita.

Você, leitor, tem um cérebro de 1,5 quilo de massa encefálica, com cem bilhões de células nervosas, cada uma ligando-se a milhares de outras em mais de cem trilhões de conexões, graças às quais pensa, raciocina, enxerga, ouve, aprende, age, realiza.

Essas conexões, porém, não nascem prontas; são construídas ao longo do tempo, pelos estímulos e desafios aos quais a pessoa é submetida na sua formação. Assim, é fácil entender que os educadores muito rigorosos ou protecionistas podem limitar o desenvolvimento mental do educando, levando-o a agir pelos neurônios dele e não pelos próprios.

Quando o educando não exercita seu próprio cérebro, seus neurônios se atrofiam, e sua capacidade fica prejudicada. Criam-se os paradigmas, os medos e os traumas. No teatro da vida, executam-se *scripts* da família, da escola, da sociedade e da religião, as cenas refletem o passado e os papéis carecem de naturalidade. É preciso reescrever o *script*, quebrar os paradigmas e desempenhar seu próprio papel.

A razão deste livro é levá-lo a redescobrir seu potencial e encorajá-lo a colocá-lo em prática.

A agitação do mundo moderno invade o ser das pessoas. Necessidades básicas, como as de sobrevivência e segurança, levam a preocupações externas que interferem no modo de vida, não sobrando tempo para perceber e investir naquilo que é a única e real razão da existência: ser feliz.

Sentirei meu objetivo alcançado se uma única pessoa que ler este livro redescobrir-se e reservar cinco minutos por dia para usufruir das riquezas e maravilhas de seu eu interior.

Capítulo 1

QUEM É VOCÊ?

*Um pouco de ciência nos afasta de Deus;
muita ciência nos aproxima Dele*
Louis Pasteur

*Se quiser ser feliz, não coloque
a administração de sua vida em mãos alheias*
O autor

O EU VERDADEIRO

Você não é você. Você é um conjunto de eus: do seu pai, da sua mãe, dos seus irmãos, dos colegas, dos educadores e dos formadores de opinião.

Segundo Aristóteles, você somente será você quando verdadeiramente se conhecer, conhecer a verdade do seu *eu*. A verdade só será conhecida quando for desenvolvido o processo do conhecimento.

Por exemplo: ser árvore. Ver a árvore não é suficiente para dizer que a conhece. No ser, todas as árvores são iguais. Para diferenciá-las, é preciso ter ideia do potencial de cada uma delas.

Potencial da árvore: potencial é algo intrínseco à árvore, que determina sua constituição, aparência, altura, tipo de folhas. Mas isso não basta, não determina a verdade da árvore; é genérico. Há muitas árvores parecidas. Para conhecer a identidade de cada uma delas, é preciso descobrir sua substância, sua essência, aquilo que a determina.

Essência da árvore: essência ou substância da árvore é aquilo que a diferencia; só ela pode produzir semelhante fruto. Então, sei que determinada árvore é realmente um pé de laranja-lima porque produz laranja-lima.

O mesmo acontece com o conhecimento da pessoa. O que se vê no espelho é apenas uma parte da pessoa; não é ela ainda. Para conhecê-la, é preciso conhecer também sua potencialidade, a capacidade que tem de produzir algo ou em que pode se transformar; porém, isso também não é suficiente. Para conhecê-la realmente é necessário conhecer sua substância, sua verdadeira essência, ou seja, sua potencialidade colocada em ação para poder afirmar quem realmente ela é.

Com um exemplo isso pode ficar mais claro. Um santo, você leitor, eu e algum bandido, quanto à essência, somos todos iguais, somos todos igualmente pessoas. Seremos, porém, diferentes nos nossos atos e atitudes, naquilo que produzimos. Explicarei passo a passo para facilitar o entendimento. Para Aristóteles, a felicidade consiste em estar conectado à própria essência. A árvore é sadia e dará bons frutos quando estiver conectada com sua essência vegetal. O animal estará sadio quando estiver conectado com sua essência animal. O ser humano estará bem e feliz quando estiver conectado com sua essência humana.

ESSÊNCIA

Mas o que é essência? Para Sócrates, essência é algo que não termina em você, que não morre. Na véspera de tomar o veneno mortal, cicuta, os amigos de Sócrates queriam que ele fugisse e não tomasse. Ele virou-se para Críton, seu mais fiel discípulo, e disse: *"Que mal filósofo é você ao pensar que podem matar Sócrates. Isso aqui"*, apontando para a pele e para a cabeça, *"não é Sócrates. O corpo poderá morrer, mas o verdadeiro Sócrates nunca morrerá"*. Quando seu amigo lhe perguntou onde queria ser enterrado, disse: *"Meu corpo pode ser enterrado em qualquer lugar. Sócrates não será enterrado"*.

Essência, meu amigo, é aquilo que existe em você desde a sua concepção, que está em cada uma de suas células e o identifica como uma pessoa. Isso pode parecer complicado, pois fomos preparados para conhecer muitas coisas, menos a nós mesmos. Aí mora o germe do mal, a

Capítulo 1 - QUEM É VOCÊ?   **15**

ignorância. O primeiro requisito para um vendedor vender bem um produto é conhecê-lo bem. Assim, também o primeiro requisito para você "se vender" bem, ou seja, ser capaz de demonstrar segurança, confiança, serenidade, é se conhecer bem. Você se conhece bem?

Vamos fazer um teste. Pegue uma folha de papel e um lápis ou caneta. Agora feche a outra mão. Sem abrir a mão, tente desenhar no papel as três linhas mestras da palma de sua mão: a linha da vida, a linha do cérebro e a linha do coração. O desenho tem de sair perfeito, como se fosse uma cópia do original; não vale ser parecido.

Quando terminar, abra a mão e verifique se as três linhas desenhadas estão idênticas às linhas de sua mão. Viu? Estão totalmente diferentes. Isso quer dizer que você não diz a verdade quando afirma "*Eu o conheço tão bem como a palma da minha mão*", porque nem a palma de sua mão, que você vê durante oito horas por dia, todos os dias, você conhece.

Isso significa que você precisa se conhecer melhor.

UM DIA VOCÊ

Zigoto foi seu primeiro nome.

Certo dia, algo maravilhoso aconteceu. Teve início sua existência. Realizou-se um milagre: o óvulo conheceu um heroico espermatozoide e o acolheu em seu interior, e os dois se tornaram um só. E você foi chamado de zigoto. Já mais crescido, composto de 16 células, recebeu o carinhoso nome de mórula, do latim, amora. Esse foi seu segundo nome. Com cem células, lá pelo sexto dia, seu nome mudou para blastocisto. Com sete dias você se tornou em embrião. Na quarta semana, adquiriu uma forma primitiva de coração, e, na quinta semana, uma forma primitiva de cérebro.

Na nona semana você se tornou um feto e, como feto, foi se estruturando. Com sete meses, estava fisicamente apto a nascer, já era um nenê. Com nove meses, já com a estrutura física pronta e com os programas mentais básicos de sobrevivência (alimentação, respiração e digestão) finalizados, adquiriu sua individualidade, nasceu e recebeu o nome de bebê.

A partir daí, começou a desempenhar novo papel no teatro da vida, como ator criança, jovem, adulto e velho. E você será um ator comum a não ser que se vire pelo avesso e escreva seu próprio *script*.

Seu *eu* não foi gerado por acaso; nasceu com a missão de desempenhar um papel importante no teatro da vida, e, por isso, deve viver intensamente cada ato, dia por dia, sem pular cenas, e fazer sua plateia feliz.

A partir desse exato momento surgiu um novo eu com potencial divino de trasformar o mundo num lugar de mais luz e mais amor: você.

SCRIPTS

A vida é uma peça em que se desempenha um papel. Cada pessoa que nasce, independentemente da nação, raça e cor, desempenha um papel importante nesta vida, papel esse que, na maioria das vezes, desconhece, porque o *script* que segue não foi escrito por ele, mas por seus educadores. Por essa razão, desempenha o papel decorativamente.

Se seu *script* for **seja perfeito**, vai viver procurando a perfeição, não se permitindo errar ou não aceitando que os outros errem. O receio de não conseguir fazer bem feito faz com que deixe de fazer muitas coisas porque não gosta de se arriscar. Muito crítico, faz e refaz repetidas vezes

Capítulo 1 - QUEM É VOCÊ?

a mesma tarefa, procurando a perfeição. Como dificilmente vai conseguir o resultado pretendido, pode se tornar uma pessoa angustiada e de convivência complicada.

Se seu *script* for **seja forte**, não vai se permitir fracassar, não se permitirá sentimentos e emoções, não chorará. Para provar sua força, normalmente irá atrás de ações difíceis de serem realizadas, e por isso muitas vezes falhará e, ao falhar, irá se sentir irritado. Você costuma ser uma pessoa mais fechada e de poucos amigos, e passa a maior parte do tempo competindo, querendo provar que pode. Tem medo do fracasso.

Com o *script* **seja o melhor**, o segundo lugar representa o fracasso. A pessoa que se dedica ao extremo vive em um esforço contínuo e corre o risco de ter um profundo estresse quando não encontra forças para provar que é o melhor.

Caso o *script* seja **apresse-se**, a pessoa faz muita coisa ao mesmo tempo, e faz tudo correndo, tem pressa para terminar, muitas vezes deixa pela metade, não faz bem feito, não é reconhecida, e com isso se sente frustrada.

Quem segue o *script* **agrade sempre** vive preocupado em ajudar as pessoas, coloca o outro em primeiro lugar, atrai pessoas com problemas, e sente-se frustrado quando não consegue agradar alguém.

No teatro da vida, cada pessoa representa, com maior ou menor empenho, um ou mais desses mandatos; por isso, precisa achar um tempo para se analisar. Deve usar a inteligência para descobrir qual *script* está atrapalhando, deve usar a sabedoria para decidir o que fazer e deve usar a serenidade e o bom senso para refazer seu *script*; e finalmente usar a coragem para colocá-lo em prática. Somente assim encontrará sua razão de ser, seu próprio *eu*.

O *SELF*

O que é realmente o *eu*? O *eu* é o conjunto formado pelo corpo (embalagem) e pelo conteúdo (essência divina), que a psicologia denomina *self*, palavra inglesa que quer dizer "eu mesmo".

Deus, sendo perfeito, não poderia criar uma pessoa imperfeita. Sendo infinitamente inteligente, não poderia criar um ser apenas por criar. Se Ele me criou, criou você e os outros, é porque achou importante.

Você é importante, especial e único. Veja sua impressão digital: não existe, nunca existiu e nunca vai existir, no mundo, alguém com a mesma impressão digital que a sua, com um coração igual ao seu, com a mesma capacidade de amar ou odiar, e com um cérebro semelhante. Você é especial e único.

Um dia, o Criador viu que o mundo não estava bem administrado. Ele tinha dado ao homem a tarefa de administrar as coisas criadas, mas o mundo estava uma desordem, sem rumo, perdido e infeliz; portanto, mal administrado. O próprio homem tinha se perdido e estava infeliz. Então, na sua infinita bondade, Deus entendeu que deveria fazer alguma coisa para melhorar o mundo. Então criou você. Precisava de mais Amor e Luz na Terra; aí pensou em você.

Como havia feito parceria com os homens para criar, chamou seu pai e sua mãe e pediu que preparassem a embalagem do seu eu. Com a em-

Não existe, nunca existiu, nunca vai existir alguém igual a você, com impressão digital, coração e cérebro iguais aos seus. Você é especial.

Capítulo 1 - QUEM É VOCÊ?

balagem pronta, o Criador colocou dentro o conteúdo, que é Ele mesmo. Você carrega Deus dentro de você. Você é um sacrário vivo. Sua missão é fazer com que as pessoas vejam a imagem de Deus em você através da Luz e do Amor que O refletem, e é percebida por seus atos e palavras. Para isso você foi criado único e especial.

A MISSÃO

O Criador viu que o mundo estava nas trevas, sem Luz e sem Amor. Por isso, criou você para colocar mais Luz e Amor nesta Terra. Ele Se colocou dentro de você quando o criou, e Ele é Luz e Amor. Portanto, sua missão é divulgar Luz e Amor. E isso, um dia, Ele vai cobrar.

Mas isso não seria injustiça, já que nem sabíamos dessa missão? E se Deus é justo, não pode cobrar! Sim, se o Criador tivesse agido assim, seria injusto. Seria como um patrão que pede para executar um trabalho e não fornece as ferramentas. Deus, porém, deu a você todas as ferramentas necessárias:

- Inteligência para descobrir o caminho próprio de ser feliz
- Consciência para distinguir o certo do errado
- Vontade própria para superar as dificuldades
- Livre arbítrio para decidir por conta própria
- Pensamento para criar metas e motivar-se

Dessa maneira, com esses recursos, você tem tudo para ser feliz.

Mas você pode alegar que Deus não lhe deu o corpo que você gostaria. O corpo é obra de seus pais. Se não ficou bom, deve reclamar com eles. O que realmente importa é o conteúdo interno, que é a essência divina que existe em você, conhecida como **eu interior.** O que falta para o ser humano é a percepção do que realmente ele é.

Certo dia, um discípulo perguntou a Michelangelo como ele conseguia fazer uma escultura tão perfeita. Ele respondeu que era fácil, porque ele via a figura do homem ou do cavalo dentro do bloco de mármore e, portanto, o que tinha de fazer era só tirar o excesso de mármore que cobria a figura. O ser humano não vê sua própria essência. Acho bonita a saudação dos orientais que, quando se encontram, cumprimentam-se da seguinte maneira: "O Deus que vive em mim saúda o Deus que vive em você".

Podemos dizer que nosso corpo é nossa prisão? Sim. O que você vê não é você; é apenas uma parte do seu eu. Para vê-lo plenamente é preciso se ver pelo avesso. O interno é que tem valor real. O corpo é uma gaiola que prende a essência, enquanto seu *self*, você mesmo, caminha por este mundo. Sozinho, o corpo não é nada, mas junto com a essência torna você divino, semelhante a Deus.

Os traumas, medos e bloqueios adquiridos na formação funcionam como grades que prendem e impossibilitam o eu de exercer todo o seu potencial. Mas por que nossa essência está presa? Seu *eu* foi gerado livre, mas foi aprisionado pelas pessoas que o amavam e que o queriam por perto, como alguém que gosta de um pássaro e, para que ele não fuja, prende-o na gaiola. As pessoas que o amam são representadas por seus pais, pela sociedade e até pela religião. Cada preceito que lhe foi imposto corresponde a um arame dessa gaiola que o prende.

O ser humano foi criado para ser livre, para voar e ser feliz. Porém, traumas e medos adquiridos na sua formação podem bloquear seu potencial, tornando-o tímido, inseguro e medroso.

OS MANDATOS

Nossos formadores desejavam o melhor para nós. Desde o momento da concepção, os pais sonham com filhos realizadores, de sucesso, admirados e aplaudidos: *"Meu filho vai ser um homem de sucesso"*, *"Vai ser médico"*, *"Vai ser um campeão"*, *"Minha filha vai ser..."*. A intensidade desses mandatos, acrescidos dos impulsores familiares, sociais e religiosos, determinam como os filhos vão se comportar no futuro, se nada fizerem para mudar.

Logo que nascemos, nosso cérebro começa a ser programado, recebendo os *"chips"* da família (*isso é bom, isso é mau*), os *"chips"* sociais (*isso é certo, isso é errado*), os *"chips"* escolares (*isso é verdadeiro, isso é falso*), e ainda os *"chips"* religiosos (*isso é moral, isso é imoral*).

A partir disso, estamos programados para começar nossa vida de sucessos ou insucessos, a não ser que tenhamos a inteligência para analisar e refletir sobre nossa vida, sabedoria para descobrir novos caminhos, e coragem para investir num novo *"chip"* e refazer nosso próprio destino. Somente assim, virando-se pelo avesso, é que a pessoa poderá encontrar seu eu verdadeiro.

Explico melhor o que vem a ser o eu verdadeiro: o corpo mais a essência divina formam o eu verdadeiro. Deus criou o homem de barro e soprou nele para lhe dar a vida (*Gênesis 2,7*), criou-o à Sua imagem e semelhança, viu que o homem era uma criatura perfeita, e por isso lhe deu poder sobre todas as coisas criadas. Pelo sopro, Deus colocou no ser humano sua própria essência, que é Luz e Amor. Com isso, o ser humano se tornou sacrário de Deus e, por intermédio dele, Deus se faz presente na Terra. Com isso, todos os seres humanos são iguais; a diferença está em que uns manifestam Deus, e outros não.

Uma pessoa não é má como pessoa; é má por suas atitudes. O santo e o pecador são iguais; a diferença está em que o pecador não manifesta Deus nos seus atos, e o santo manifesta. O santo manifesta Luz e Amor, e o pecador não. Em razão disso, fica difícil ver Deus no pecador, mas ambos, como pessoas, têm o mesmo potencial, porque portam dentro de si a essência divina.

Posso dar um exemplo: quando alguém compra uma lâmpada, não está comprando o vidro e os filetes, mas o potencial que ela tem de acender. Nesse sentido, todos os seres humanos são iguais porque foram criados com o mesmo potencial de Luz e de Amor. O santo e o pecador são iguais; o papa, o pastor, eu, você e os bandidos temos o mesmo potencial. A diferença está em que uma lâmpada se acende e a outra continua apagada. O santo irradia Luz intensa, o pecador, Luz menos intensa; e o bandido irradia pouca Luz ou nenhuma.

Toda lâmpada tem o potencial de ser acesa, de emitir luz. Porém, se ela não emite luz ou emite menos luz do que pode, o problema não está na lâmpada, mas no seu mau uso; ela não foi conectada na fonte correta. Isso quer dizer que para ser feliz devemos estar conectados à fonte correta. E qual seria essa fonte?

A lâmpada, para acender, precisa estar conectada à fonte, que no caso é uma tomada. O ser humano também precisa estar conectado à Fonte para cumprir sua missão de iluminar e amar. A Fonte é seu eu interior, a essência divina, o próprio Deus. Antes de procurar Deus no céu, ou no sacrário, deve-se procurá-Lo dentro de si. Normalmente, o ser humano vive procurando a felicidade fora, em bens materiais, em reconhecimento familiar e social, mas quanto mais se dedica a isso, mais distante fica da

O valor da lâmpada não está na lâmpada, mas no seu potencial de acender.

felicidade; pode ter momentos de felicidade ou de prazer, mas não um estado de felicidade. O estado de felicidade depende da conexão com o eu divino, o Deus interno.

Quanto mais desligado ou distante dessa fonte, menos feliz você é. Você pode ser uma lâmpada de 10, 20, 40, 60, 1.000 watts, e isso seria o seu perfil; sua capacidade é o tamanho da extensão que você clareia, ou seja, o quanto de positivo suas atitudes abrangem. A diferença entre você e a lâmpada é que ela não pode aumentar sua luz; você, por sua inteligência, vontade e livre arbítrio, pode. Assim como a lâmpada não espera retorno pela luz que emite, a pessoa também deve emitir sua Luz e Amor sem esperar retorno. Esse é o amor verdadeiro pregado por Cristo nos evangelhos, o amor incondicional.

O valor da lâmpada não está na lâmpada, mas no seu potencial de acender. Porém, sua utilidade está na claridade que emite, e sua capacidade é determinada pela extensão que ilumina. No entanto, nada disso acontece se não estiver ligada a uma fonte de energia. O mesmo acontece com o ser humano se não estiver conectado à fonte divina.

O AMOR VERDADEIRO

Em grego, existem três palavras para dizer amor: *"philo"*, que é amor de troca ou de atitudes (*eu o amo se você me amar*), *"storge"*, que é amor de sangue, de parentesco, e *"ágape"*, que é amor à pessoa, amor incondicional. Cristo sempre que fala de amor utiliza a palavra *"ágape"*; por isso não distinguia ricos de pobres, nem santos de pecadores. Não permitiu que apedrejassem Madalena, não julgava as pessoas pelas ações, amava as pessoas porque eram semelhantes a Deus.

A razão de existirem tantas religiões é que o amor de Deus é tão intenso que transbordou nas criaturas e criou o ser humano à Sua imagem e semelhança, portanto plenamente feliz. O ser humano era feliz até que um dia pôs tudo a perder desligando-se do divino. A partir de então, começou a se sentir infeliz e pôs-se a procurar a felicidade em coisas e prazeres materiais, nos quais, momentaneamente, pode encontrá-la, mas é utópica e passageira. Fazer o ser humano reencontrar o divino é o papel das religiões. Religião é o ato de reatar com Deus a ligação desfeita pelo pecado original. Somente com esse contato restabelecido o ser humano reencontrará felicidade duradoura.

Mas, para ser feliz, é preciso ser religioso? Religioso sim, mas não no sentido de uma seita ou congregação, e sim no sentido de religação com o divino por intermédio da eliminação dos defeitos de caráter e da prática das virtudes que compõem o elo.

Segundo Schopenhauer, a base da felicidade é o que se é, e não o que se tem ou o que os outros pensam de nós, porque o que se tem pode ser tirado, e o que pensam de nós não depende de nós. A felicidade está em nós e não no mundo; amor, sonhos, sexo, prazeres, são apenas reflexos. Felicidade é viver como a águia que voa sozinha sem precisar de ajuda; é não usar a solidão dos outros como escudo; é ter serenidade para encarar os contratempos e não virar para eles as costas, porque senão se tornarão perseguidores, e nós, a caça.

A felicidade existe, mas está escondida no eu, e precisa ser encontrada.

Ainda segundo o filósofo Arthur Schopenhauer, *"a felicidade tem de ser construída de dentro para fora; só assim terá persistência porque tudo que é de fora é perecível"*. Ser feliz é ser natural, é ser capaz de dizer *"eu errei"* ou de dizer *"eu preciso de você"*, ou ainda *"eu tenho muito afeto para dar, mas também preciso de afeto"*.

Ninguém chegará à felicidade se não souber administrar suas tristezas. Um exemplo: imagine uma talha d'água. Uma pessoa vem e tira um copo. Outra vem e tira mais um copo. A cada copo, a talha ficará mais vazia. Somente não ficará vazia se estiver ligada à fonte. O mesmo acontece com o ser humano. Se ficar distribuindo felicidade sem estar conectado à fonte, poderá, no futuro, ficar vazio da mesma. A fonte é a essência divina que cada um carrega em seu interior. A pessoa que não está conectada à fonte fica vazia e, normalmente, procura preencher esse vazio com coisas materiais.

Não é errado querer ter coisas materiais. O ser humano foi criado para plantar e colher. Se ele trabalha, colhe os resultados que podem ser riquezas. Porém, o que importa para Deus não é o que a pessoa possui, mas a relação que tem com Ele. Possuir bens materiais não é errado; errado é o apego exagerado aos mesmos, a ponto de esquecer da verdadeira riqueza que é o eu interno. Deus ama a pessoa primeiramente, depois suas atitudes. O pobre, o rico, o santo, o pecador carregam-No dentro de si; importante é estar ciente dessa ligação. Somente amando o Deus que habita dentro si é possível amar o Deus que habita no outro. Quando perguntaram ao Dalai Lama o que achava de esquisito nos homens, ele respondeu que era o fato de passarem a vida correndo atrás do dinheiro para depois gastar o dinheiro para salvar a vida.

A prática da caridade é uma necessidade de quem ama. Se ninguém pegar água da talha, a água, com o tempo, vai ficar imprópria para beber; assim também é a pessoa que não pratica a caridade: vai sentir falta de alguma coisa que, na maioria das vezes, nem saberá o que é. Quanto mais praticar a caridade, mais sua essência vai brilhar. É preciso, porém, saber que fazer caridade por fazer, ou apenas para "aparecer", não levará a nada; a pessoa ficará vazia se não estiver se reabastecendo na fonte.

Amor e caridade diferenciam-se como a fonte e a água. A caridade verdadeira se origina do amor. Assim como a água, ao se distanciar da fonte, pode ficar impura, a caridade igualmente pode ser distorcida,

Do mesmo modo que a talha d'água, se não estiver ligada à fonte, fica vazia quando doa suas águas, a pessoa fica vazia quando se doa demasiadamente sem se reabastecer com o Divino.

falsa, fingida se não tiver como base o amor. Como já foi falado antes, o amor verdadeiro é o amor que em grego é conhecido como "ágape": o amor à pessoa, incondicional, eu o amo porque você é uma pessoa e, como tal, traz Deus dentro de você. O verdadeiro amor não faz distinção entre a pessoa bandida e a pessoa virtuosa; não é sentimento, mas um estado de serenidade originado da conexão com um Ser Maior. Não importa o que a pessoa faz, importa o que a pessoa é. Todos, sem exceção, trazem Deus dentro de si. Praticar o amor verdadeiro não é fácil; pouquíssimos conseguem. No entanto, esse deve ser o objetivo meu, o seu e o de todas as pessoas.

LIVRE ARBÍTRIO

Se Deus é justo e amoroso, por que já não criou todas as pessoas boas? Deus não criou as pessoas más, não criou as diferenças. Criou sim as pessoas com os mesmos dons. Deu a todos a mesma inteligência e a mesma vontade. Deu-lhes o direito de usar a inteligência e a vontade da maneira que quisessem, e prometeu respeitar esse direito. Esse direito é o livre arbítrio.

Ao criar o ser humano, Deus deu-lhe a chave de sua felicidade, recomendando-lhe que não desse a chave para ninguém, não fizesse cópia, porque senão alguém poderia interferir na sua felicidade.

O que acontece é que o ser humano dá cópias da chave para todos, preocupa-se em fazer o outro feliz e se esquece da sua própria felicidade, e depois reclama de não ser feliz, além de colocar a culpa da infelicidade nos outros.

Mas qual seria o papel da inteligência nesse caso? Por que uns são mais inteligentes que outros? Onde está a justiça de Deus? A resposta está justamente na inteligência.

Imagine você criando um formigueiro. O que fazer para ser justo? Se criar uma rainha, estará sendo injusto, porque uma vai ser rainha e as outras não. Abelhas? Por que essas vão ser zangões e aquelas vão ser operárias? Como ser justo nesse caso? Simples: utilize a sabedoria de Deus, dê inteligência a cada uma delas e deixe que elas façam as diferenças estabelecendo qual será rainha e quais serão operárias.

INTELIGÊNCIA

Mas então por que uns são mais inteligente que outros? Não é que um seja mais inteligente que o outro, mas sim que um usa a inteligência de forma diferente do outro. A inteligência está na relação entre a mente e o cérebro. A inteligência não depende do tamanho do cérebro, pois vamos encontrar na natureza animais que têm massa cerebral maior que a dos humanos, e que, portanto, deveriam ser mais inteligentes. O polvo tem vários corações e vários cérebros, e por isso deveria ser o animal mais inteligente.

Minha opinião é que a inteligência é a conexão que existe entre a mente e o cérebro; por isso as afirmativas, comumente aceitas, têm sentido: *você é o que pensa; o que você pensa e acredita acontece; concentre seus pensamentos em seu objetivo e ele será alcançado; pensamento forte é fé.* No meu entender, a mente direciona e o cérebro executa.

O papel da inteligência não é, como muitos pensam, tirar boas notas na escola. Isso é mais questão de vivacidade e de memória. A inteligência foi colocada no ser humano para que ele descobrisse o caminho para ser feliz. O ser humano foi criado para ser feliz, cada um à sua maneira. A inteligência vai indicar esse caminho. Assim, o filho que se forma médico para agradar aos pais, quando, na realidade, queria ser músico, está usando o "caminho" dos pais e não o seu; em outras palavras, não está seguindo sua inteligência como deveria.

Antigamente, os pais preparavam a filha para ser uma boa esposa, ou seja, a moça devia aprender a lavar, a cozinhar e a cuidar do marido para que fosse feliz. O marido morria, acabava a razão de sua felicidade; então ela transferia o objeto da felicidade para os filhos. Os filhos cresciam, casavam e se mudavam. Mais uma vez ela perdia o objetivo de sua vida. Aí sobravam os netos. Os netos passavam a ser a razão de sua vida. Porém, os netos cresciam e não queriam saber mais da avó, e mais uma vez ficava sem o motivo da felicidade. Passava, então, a colocar a felicidade em cuidar da cachorrinha ("*Minha cachorrinha é a coisa mais linda, só falta falar*"); mas aí a cachorrinha morria; sem saber o que fazer, ia jogar bingo. Os bingos foram fechados por ordem judicial. O que sobra? Solidão, depressão. Por quê? Porque a escolha do caminho foi errada. Buscou-se a felicidade nos outros e não em si mesmo.

Para ser feliz, não basta ser inteligente. É preciso força de vontade, coragem. Muita gente sabe que não é feliz, sabe o que precisa fazer para ser feliz, mas não tem coragem. Muitas vezes, precisa enfrentar a sociedade e, pior ainda, precisa enfrentar a própria família. Mas a felicidade pode não depender de você, ou seja, a causa da infelicidade pode depender de uma coisa que você não pode mudar. Por exemplo: eu sou feio, pequeno, baixo, narigudo e careca. Como posso ser feliz?

Tudo é questão de foco. Se o foco estiver errado, o resultado vai sair distorcido. Se seus parâmetros de felicidade forem os outros, sua expectativa de felicidade vai depender da aprovação dos outros. Se, para você e para os outros, a beleza física é determinante para a felicidade, ela vai ser. Aliás, esse é o clichê que se tornou característica do comportamento humano: "*Só sou feliz se os outros permitirem*". Precisamos substituir esse clichê e corrigir sua escrita: "*Sou feliz porque a felicidade depende só de mim*".

Para fazer isso é preciso mudar o foco, olhando seu eu, dando-lhe o comando de suas atitudes e aplicando o que manda a oração da serenidade:

> "*Senhor, dai-me serenidade para aceitar as coisas que eu não posso mudar; dai-me coragem para mudar aquelas que eu posso, e principalmente, dai-me sabedoria para distinguir uma da outra.*"

Esse é o segredo para se viver bem. Agindo assim, você vai adquirir a serenidade. Serenidade é o estado de equilíbrio e de paz interior que você adquire aplicando os quatro dons que Deus lhe deu: inteligência, vontade, livre arbítrio e pensamento positivo. É você estar tão ciente de sua grandeza e perfeição que nada, nem ninguém, pode tirá-lo do sério. É você viver o aqui e agora, convicto de que voltar o pensamento ao passado é retardar sua caminhada, voltar o pensamento para o futuro é querer voar sem asas, e vivenciar o presente é adiantar a viagem passo a passo em direção ao sucesso.

A PERFEIÇÃO

Mas isso supõe perfeição, e ninguém é perfeito. Sim, aprenda a se virar pelo avesso. Veja-se por dentro. Enquanto estiver contemplando-se no espelho, nas coisas e nas pessoas, não achará a perfeição que existe em você.

Sua perfeição está no conteúdo, no seu eu interno, que é a Essência Divina, Luz e Amor que existe em você. A caixa, que é o corpo, pode ser imperfeita, porque foi criada por seus pais, tanto que fisicamente você pode se parecer com eles. As imperfeições físicas e as doenças são do corpo, e surgem por seu mau uso. O conteúdo nunca fica doente.

Mas, e as pessoas que sofrem da alma, que são tristes, deprimidas e revoltadas? Na realidade, a doença não é da alma, mas surge pela não manifestação da alma. A alma tem o potencial de ser feliz, só que esse potencial pode não ser manifestado, porque a pessoa se preocupa demais com a embalagem e esquece do conteúdo interno, do eu interior.

É a manifestação da Luz que torna uma pessoa pecadora e outra santa. O que diferencia o santo do pecador é o valor que manifestam. O valor não é o potencial, mas sua manifestação, como é o caso da lâmpada que pode estar apagada ou acesa.

MEDITAÇÃO

Para começar a manifestar essa luz é preciso fazer a conexão com o eu interior. É lá que se encontra seu verdadeiro valor, seu tesouro. Isso se faz pela meditação. Desde pequenos, fomos treinados a nos preocupar com o exterior: modo de vestir-se, modo de falar, de comportar-se, importância de possuir bens materiais, preocupação com conhecimentos intelectuais.

Tudo isso é bom, é válido, é necessário, mas não é o caminho para o bem-estar pleno. O caminho certo é aquele que leva para o conteúdo interno, é o caminho da meditação, do olhar para dentro de si mesmo. Ficamos acordados durante 18 horas e vamos dormir sem olhar um minuto para nosso eu interior. Se durante a semana reservássemos meia hora para a meditação, nossa vida seria outra.

E qual o segredo para fazer uma boa meditação? Sim, é um segredo. Antigamente, poucos sabiam disso, apenas alguns evoluídos. Hoje já não é mais segredo, apesar de pouquíssimos a praticarem. São três os passos para uma boa meditação.

Primeiro, é preciso dominar o corpo, acalmá-lo, eliminando o estresse. Seria como colocar uma coleira para conduzi-lo, e isso se faz pelo relaxamento. Por intermédio do silêncio, visualiza-se cada parte do corpo, relaxando toda a musculatura. No final, todo o corpo se sentirá pesado, dominado. Depois de dominado o corpo, inicia-se o processo da meditação, com o objetivo de dominar o pensamento. Isso se faz visualizando um único objeto, uma flor, por exemplo. Por algum tempo, procura-se não desviar o pensamento da flor. Assim, com o passar do tempo, e com muito treino, consegue-se dominar o pensamento. Com o pensamento sob domínio, faz-se o procedimento da mentalização, que é o processo de direcionar o pensamento para um objetivo que se quer alcançar. A mentalização faz milagres. Pensamento forte, de acordo com a Bíblia, é o mesmo que fé. A fé, que tudo pode, transporta montanhas e faz milagres. *"Você foi curada porque acreditou, disse Jesus à mulher* (Mateus 9,22)."

O PENSAMENTO

O pensamento é muito importante. É o segredo do sucesso. O pensamento é o código-fonte da nossa vida. A hora em que modificarmos o código-fonte, modificaremos nossa programação de vida. Quando penso negativamente, meus programas se tornam negativos. Quando penso positivamente, meus programas se tornam positivos.

São meus programas que determinam meu modo de ser, de pensar e de agir. Com base neles, sou seguro ou inseguro. O pensamento é como a torneira do chuveiro. O universo é como dois chuveiros, um das coisas agradáveis e outro das coisas desagradáveis. Pelo pensamento, você liga um dos dois. Se ligar o chuveiro das coisas desagradáveis, tudo de ruim lhe acontecerá. Porém, se ligar a torneira das coisas agradáveis, tudo de bom lhe acontecerá. Você determina o estado do tempo de sua vida pelo seu pensamento. Seu bem-estar, sua serenidade e segurança dependem da qualidade do seu pensamento.

As pessoas em geral são inseguras porque, na realidade, são treinadas para pensar negativamente ou para pensar pequeno. Ouvimos muitos "nãos" quando somos pequenos. Muitas vezes nos afirmaram que não seríamos capazes. Como resultado, temos pensamentos confusos e fracos. Pensamos em mil coisas ao mesmo tempo. Nosso pensamento vai para mil direções e fica fraco como um fio de linha, e, assim, é facilmente

Capítulo 1 - QUEM É VOCÊ?

quebrável. Pela deficiência de nossa formação, dificilmente teremos um pensamento forte, uma crença verdadeira, uma fé inabalável; qualquer ventinho de dúvidas balança nossa determinação.

O pensamento forte é fé, é crença, é o segredo do sucesso.

A CRENÇA

Em primeiro lugar, deve-se ter crença em si mesmo, em seu eu verdadeiro. Acreditar em si mesmo, no seu potencial, é o primeiro passo para a felicidade e para o sucesso. Não é o potencial que torna as pessoas

32

EU PELO AVESSO

tímidas e inseguras, mas sim a falta de coragem para colocá-lo em prática. A pessoa precisa virar-se pelo avesso para aprender a se amar e a ter coragem e perseverança para vencer na vida.

O sucesso surge de dentro para fora, e não de fora para dentro como nos ensinaram. Fomos criados para ter um comportamento externo. Nosso modo de ser passou a significar nossa personalidade. A sociedade nos julga por nossas atitudes. Passamos a dar muita importância à avaliação dos outros.

Se não nos modificarmos, nossos valores estarão na boca e nos olhos das pessoas. Por isso, precisamos nos virar pelo avesso, para que nossos valores autênticos venham à tona.

A personalidade é como nós nos mostramos. É como a sociedade nos define. Personalidade vem da palavra grega *"persona"*, que significa máscara. Os gregos utilizavam uma máscara no palco para representar um personagem. Na realidade, nós estamos usando uma máscara no palco da vida para representar nosso personagem; isso significa que nossa verdadeira entidade não aparece. Quando falamos em "virar nosso eu pelo avesso" queremos dizer que precisamos nos esforçar para sermos nós mesmos no palco da vida.

Parafraseando Nietzsche quando ele disse que a pele torna suportável a visão dos ossos, carne, intestinos e vasos sanguíneos, podemos dizer que a serenidade é a pele da alma e torna aceitáveis nossas inseguranças, traumas e medos adquiridos pela educação.

Caráter, perfil, capacidade e personalidade são quatro termos parecidos, mas com definições diferentes. Para entender melhor, vamos tomar um casa como exemplo. A estrutura da casa, como ela foi edificada, com pedras, tijolos ou blocos de cimento, seria o caráter; as divisões internas que determinam se vai ser usada para moradia ou escritório seria o perfil; o espaço interno que pode ser utilizado é a capacidade; como as pessoas a veem e a identificam seria a personalidade.

No caso das pessoas, caráter é como ela foi constituída pela genética e pela natureza dos pais; perfil é como foi direcionada pela educação e pela formação (Pelé, desde a gestação, foi direcionado e incentivado a ser um grande jogador; seu pai também foi um grande jogador; poderia também ser um médico, porém provavelmente não tão brilhante); capacidade é a medida com que a pessoa desempenha seu perfil, com empenho e persistência; personalidade é como a pessoa é vista e analisada.

Capítulo 1 - QUEM É VOCÊ? 33

O ser humano, para acobertar suas inseguranças e medos, utiliza-se de máscaras. Conforme o contexto muda de máscara. Personalidade é como a sociedade o vê.

AUTENTICIDADE

Para sermos autênticos é preciso parar de representar. Precisamos voltar às origens. Fomos criados com 100% de individualidade, *self*, eu mesmo. Começamos a ser modificados já no útero de nossa mãe ao captarmos seus sentimentos. Ao nascer, e à medida que fomos crescendo, mudamos partes do nosso eu para agradar ao pai, outras para agradar à mãe, e outras, ainda, para agradar aos irmãos, primos, colegas e à sociedade, ou seja, utilizamo-nos de máscaras para sermos aceitos e queridos. Hoje, como adultos, somos apenas cerca de 5 a 30% autênticos.

Se não nos virarmos pelo avesso, continuaremos sendo mais os outros do que nós mesmos, e dificilmente seremos felizes. Poderemos ter momentos de alegria e de serenidade, mas apenas momentos. Para recuperar a parte perdida do eu real é preciso virar-se pelo avesso. Vasculhar seu eu por dentro.

A água que nasce na montanha é pura e vai se poluindo à medida que se afasta da fonte; quando passa pela cidade, em forma de rio, já está bastante contaminada. Com o ser humano acontece o mesmo: nasce puro, mas se polui com os maus exemplos ao longo da vida. Assim como a água precisa ser tratada para se tornar potável, o ser humano também, para ser purificado, deve ser tratado. A diferença está no fato de que a água não pode se purificar sozinha; o ser humano tem esse poder, precisa apenas aprender a visualizar seu eu interior; fazendo isso é como se, diferentemente da água, fizesse o caminho de volta à fonte, subindo montanha acima. A técnica, como já foi dita, é exercitar a mente, praticando a meditação.

Assim com a água impura pode ser purificada, o ser humano também pode purificar-se eliminando os defeitos de caráter adquiridos ao longo da vida.

Capítulo 2

MENTE E CÉREBRO

Se pudesse voltar à juventude,
cometeria os mesmos erros, só que mais cedo
Tallulh Bankead

A MENTE

Muitos confundem mente com cérebro. Ninguém vive sem a mente, mas é possível viver sem o cérebro. A barata pode viver sem a cabeça por alguns dias e morrer, após algum tempo, de fome. A estrela do mar vive sem cérebro. Até a quarta semana de gestação, o feto não tem cérebro, mas desde que foi concebido já recebe informações. Essas informações vão para a mente.

A mente é o próprio "ser" que existe desde o momento da concepção, antes mesmo da formação do cérebro, que acontece cerca de 30 dias depois. É a mente que individualiza a pessoa. É constituída por um conjunto de células inteligentes a partir daquela primeira que foi formada no momento da concepção. A mente é o conjunto inteligente das células, ou seja, é a própria pessoa, em que cada célula tem registrados os seus dados.

A mente não está em nenhum lugar, ela é a própria pessoa. Um pequeno pelo tem centenas de células e, com uma só delas, é possível saber o histórico físico de cada pessoa, como, por exemplo, quem são seus pais e, se houve envenenamento, o tipo de veneno utilizado. Estudos cardiológicos comprovam que quem recebe um coração implantado passa a ter alguns valores e gostos do doador. Por exemplo, se o doador do coração gostava de violino, o receptor passa a gostar também.

O CÉREBRO

O cérebro é o órgão mais estudado. Platão falava que a "psiquê", ou aquilo que diferenciava o ser humano dos animais, ficava na cabeça. Mas foi apenas em 1662 que o cérebro começou a ocupar seu lugar de rei, quando o anatomista Thomas Willis, da Universidade de Oxford, liderou a primeira dessecação de crânio para analisar o cérebro. Foi ele quem cunhou o termo "neurologia". A partir daí, o cérebro passou a ser encarado como o centro das emoções e dos pensamentos. Hoje, graças aos estudos de ressonância magnética funcional (RMF), sabe-se que o cérebro funciona como uma rede de processamento de estímulos, em que cada uma de suas partes funciona como centrais sofisticadas de processamento.

FORMAÇÃO DO CÉREBRO

A mente existe desde o momento da concepção, o cérebro não. Ele vai se formando aos poucos e, a partir do quarto mês de gestação, tem uma estrutura advinda da parte genética e das informações que

O cérebro é o mais potente de todos os veículos, por isso mesmo carece de um bom motorista para não causar sérios desastres.

Capítulo 2 - MENTE E CÉREBRO

recebe. Desde então, desempenha a função de selecionar, dos milhões de dados e de informações que entram no seu reservatório, as mais significativas, e colocá-las numa ordem de eficácia e eficiência para seu desempenho na vida. Começa aí a ser desenhado o perfil da pessoa. Você pensa, sente, fala e age com base no perfil desenvolvido, à medida que cresce. Sua maneira de ser é resultante da forma como o cérebro foi se estruturado.

NEURÔNIOS

O processamento no cérebro é feito pelas cadeias de neurônios. A diferença entre neurônios e células é que as células comuns não têm ramificações e os neurônios sim. Cada um deles tem centenas de extensões denominadas dendritos (emissores) e axônios (receptores). Cada extensão ou tentáculo pode emitir centenas de sinais, denominados sinapses. Calcule, então, o potencial de seu cérebro, cuja rede é formada por cerca de dez bilhões de neurônios, sendo que cada neurônio tem centenas de axônios (receptores) e dendritos (emissores) comunicando-se com centenas de outros neurônios. E assim por diante, formando centenas de bilhões de sinapses ou envio de mensagens para a rede denominada corpo humano.

Os neurônios são os responsáveis pela comunicação perfeita entre todos os componentes do corpo humano. Numa fração de milésimos de segundo, levam mensagens do cérebro para todos os extremos do corpo.

O processamento no cérebro muda com o tempo. As sinapses variam conforme a idade. O número de neurônios permanecerá o mesmo, podendo se renovar durante o processo de crescimento. O número de sinapses (comunicação entre neurônios) é bem superior, quase o dobro, na infância e na juventude. Na infância, porque o cérebro ainda se ocupa com o desenvolvimento físico; na juventude, com o aprendizado. Aos 30 anos aproximadamente, a pessoa estará com o gerenciamento das sinapses no seu auge, e elas acontecerão dentro de uma lógica vital, com base nas necessidades vitais de sobrevivência e de relacionamentos.

A partir dos 30 anos, o número de sinapses diminuirá proporcionalmente às exigências que se fizerem do cérebro. Quanto mais for usado, mais o cérebro continuará ativo.

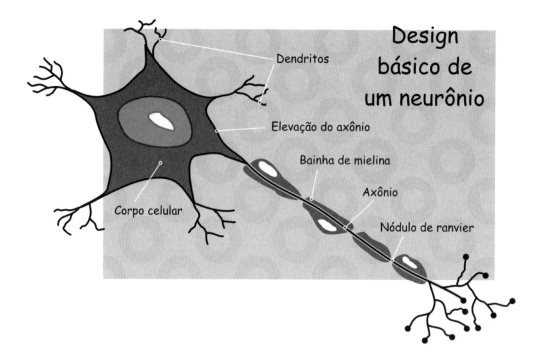

Por exemplo, se a pessoa que se aposenta, para de trabalhar e fica no bar jogando dominó, deixa de exercitar o cérebro, e esse se acomoda. A tendência é ficar com o raciocínio cada vez mais lerdo, porque seu cérebro para de fazer sinapses para outras atividades. O cérebro é como o chuveiro. O chuveiro novo tem ducha forte de água, e o cérebro novo tem ducha forte de sinapses. Na proporção em que o chuveiro fica velho, a ducha se enfraquecerá, até que um dia começará a sair pouca água. O cérebro, também, com o passar dos anos, diminuirá a quantidade de sinapses, e o raciocínio da pessoa se tornará mais lento.

ENVELHECIMENTO CEREBRAL

O envelhecimento cerebral é algo natural. Assim como o corpo envelhece, o cérebro envelhece, e isso é o resultado do desgaste das células. O que se pode fazer é retardar o envelhecimento. No caso do cérebro, isso se faz por intermédio de exercícios. Quando os neurônios não são induzidos a produzir sinapses, com o passar do tempo deixam de produzi-las. Assim, o aposentado que deixa suas atividades e passa o dia no bar jogando dominó pode se tornar um bom jogador de dominó, mas sua memória e agilidade mental não serão mais as mesmas. Ler, jogar xadrez, baralho, fazer palavras cruzadas, decorar poesias são

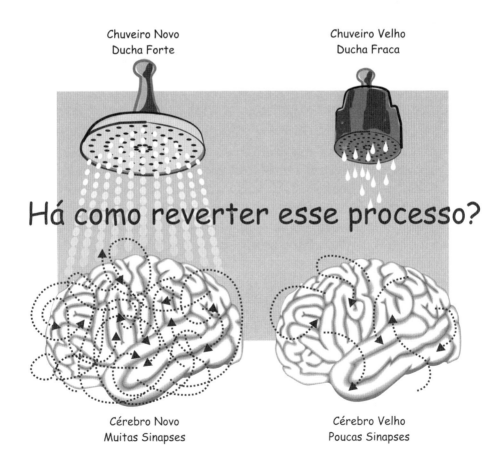

exercícios bons para manter o cérebro ativo. É fácil imaginar quantos neurônios ficarão sem função no desenvolvimento da criança quando são superprotegidas.

Esse processo pode, porém, ser revertido. Assim como o chuveiro pode ser recuperado com uma escova de aço que desentope seus orifícios, o cérebro também pode ser recuperado. Para isso, basta mantê-lo ocupado. O cérebro tem facilidade para se acomodar, e isso não pode acontecer. Quanto mais tarefas forem dadas para ele desempenhar, mais ativo ele ficará. Ler muito, decorar poesias, jogar xadrez e similares são coisas importantes para manter o cérebro ativo.

DIFERENÇAS NA ESTRUTURA CEREBRAL

Existem diferenças entre o cérebro de homens e de mulheres. É sabido que o cérebro das mulheres é alguns gramas mais leve que o dos homens, mas isso nada tem a ver com inteligência e capacidade. Nem sempre os maiores frascos têm os melhores perfumes. O cérebro feminino tem certas características próprias, talvez até pela sublime missão de serem coparceiras de Deus na criação de um novo ser e responsáveis diretas por sua educação na pré-infância. O cérebro feminino possui dois centros de fala e de movimentos, um em cada hemisfério, enquanto o cérebro masculino só tem um no hemisfério esquerdo, o que explica por que o homem, geralmente, demora mais que a mulher para recuperar a fala e os movimentos quando esses centros são afetados por algum acidente.

Outra diferença: a mulher, de modo geral, é mais serena no sofrimento e nos contratempos da vida que o homem, porque o canal que liga os dois hemisférios do cérebro, esquerdo (razão) e direito (emoção), na mulher é normalmente maior. Com isso, os comportamentos costumam ser diferentes. Um rapaz, que é mais razão que emoção, quando está apaixonado por uma moça e é abandonado por ela, como reage? Normalmente fica machão e, às vezes, até agressivo. Se, porém, age mais com a emoção, quando abandonado ele fica deprimido, falta ao trabalho, refugia-se na bebida. Já com a mulher geralmente a reação é menos drástica; ela sofre mas não fica agressiva, não para de trabalhar e, se é abandonada com cinco filhos, consegue gerenciar a situação, consegue agir com base na razão e na emoção e, até mesmo, consegue formar os filhos.

HEMISFÉRIOS CEREBRAIS

Há dois hemisférios cerebrais, e isso é um mistério de Deus. Certamente não é apenas para gerenciar as partes inversas do corpo. A razão deve ser outra. Entendo como se fossem dois cérebros, um para gerenciar coisas relacionadas à matéria, e outro relacionado aos aspectos espirituais. Seria como um cérebro reservado para obras de Deus e outro reservado para fatos do mundo. Ao hemisfério esquerdo cabe a missão de gerenciar fatos inerentes à matéria e a tudo o que é a ela relacionado, enquanto a missão do hemisfério direito é gerenciar fatos espirituais ou tudo aquilo que não é material.

DIFERENÇAS SEXUAIS

Há diferenças entre os cérebros masculino e feminino em relação aos aspectos sexuais. O cérebro masculino é mais propenso à luxúria. A maioria dos jovens pensa em sexo a cada 52 segundos, enquanto as mulheres pensam no assunto somente uma vez por dia ou quatro a cinco vezes nos dias férteis. Quando o homem termina a relação sexual, quer relaxar, descansar, e a mulher quer ficar abraçada trocando carinho. No dia seguinte, o homem poucas vezes se lembra daquele momento maravilhoso, mas a mulher não esquece e fica esperando um telefonema, que para ela é mais importante que a relação sexual do dia anterior.

Isso acontece pela fisiologia sexual do cérebro. Os hormônios femininos estão mais preparados para uma conexão de longa duração que os hormônios masculinos. O hormônio masculino é mais preparado para perseguir o sexo. O responsável por essa diferença é a substância oxitocina, mais volumosa no cérebro feminino; essa substância está relacionada à ligação afetiva. A diferença pode chegar a dez vezes.

Nos homens, a substância testosterona, impulsionadora do desejo sexual, é muito maior. O único momento em que a substância oxitocina do homem aumenta e quase se iguala à da mulher é no momento do orgasmo. Logo após o orgasmo, o nível de oxitocina do homem diminui e volta ao estado normal, e por isso o homem quer relaxar depois do sexo, enquanto a mulher quer mais carinho. Resumindo, segundo o pesquisador Michael Gurian, autor do livro *"What could he thinking? How a mans´s mind really works"*, para o homem o romance é o meio de conseguir o sexo, enquanto para a mulher o sexo é o meio de conseguir o romance. Para o homem, o sexo é o fim do processo, enquanto que para as mulheres é o seu início.

OS CASAMENTOS

As pessoas se casam para realizar sonhos. São os sonhos que motivam e dão esperanças ao ser humano. O rapaz sonha. A moça sonha. Ambos se encontram, gostam-se e decidem juntar seus sonhos em um, que é construir uma família e serem felizes juntos. Porém, o que acontece, na maioria das vezes, até por falta de maturidade, é que cada um continua apegado ao seu sonho e espera que o companheiro o ajude nessa tarefa. Esse desejo egoísta é a raiz dos conflitos. Aí nascem os filhos e eles veem nos filhos a possibilidade de realizar seus sonhos: *"Vai estudar e vai se transformar numa grande pessoa, vai ser importante"*. Os filhos crescem, adquirem seus próprios sonhos e correm atrás de sua realização que, muitas vezes, não coincide com as expectativas de seus pais, gerando novos pontos de conflitos.

Para solucionar esses conflitos, deve-se seguir a própria natureza. Natural seria preparar os filhos, orientando-os sem imposição, mas com muito diálogo e reflexão para que conheçam seus papéis na sociedade e vivam sua própria vida com autenticidade e serenidade. Assim fazem os animais. Os pais pássaros, cumpridas suas obrigações, empurram com o bico o filhote para que aprenda a voar. Os animais, em geral, ensinam os filhotes a caçar até que aprendam a sobreviver. Os humanos, na ânsia de serem amados pelos filhos, fazem de tudo para que fiquem dependentes. Com a desculpa de não os verem sofrer, protegem-nos dos erros e das falhas, e os levam pelas mãos para que não tropecem. Muitos deles até lições da escola fazem para que o filho não tire nota baixa.

Há duas coisas erradas nisso. Primeiro, a educação não começa depois dos 7 anos, mas ainda no ventre materno, conversando bastante com o filho. Segundo, impedindo que os filhos criem seus próprios parâmetros de certo e errado, os pais estarão criando pessoas inseguras, tímidas, que mais tarde serão prejudicadas na vida profissional. O segredo é fazer o filho, desde pequeno, refletir sobre o certo e o errado, dialogando com eles.

As pessoas se unem em matrimônio pensando em realizar um sonho. Após o casamento os sonhos devem ser compartilhados. Se cada um, egoisticamente, se apegar unicamente ao seu sonho, o casamento tende ao fracasso.

O papel dos pais é orientar os filhos quanto a "o que fazer, o saber fazer e o porque fazer" e não a "como fazer". O "como fazer" pode ser de diversas maneiras; caberá ao filho analisar e optar pela que lhe for melhor. O ditado "é errando que se aprende" é correto, pois é errando e acertando que se criam parâmetros que possibilitam ao cérebro desenvolver programas que vão formar seu sistema de vida de melhor ou pior qualidade. O conjunto desses programas determinará mais tarde a sua capacidade.

CAPACIDADES INDIVIDUAIS

A inteligência e a educação recebida determinam a qualidade dos programas, que por sua vez determinam a capacidade e o modo de viver de cada pessoa. Não existem duas pessoas que pensam, sentem, e agem da mesma maneira. Podem ser parecidas fisicamente, como é o caso dos gêmeos univitelinos, mas reagem de maneira distinta, porque o processamento das informações é diferente e, portanto, os programas também são diferentes. Isso explica os "fáceis", os "difíceis" e os "impossíveis".

- Fáceis são ações realizadas com programas de qualidade
- Difíceis são ações feitas com programas sem qualidade, mal-feitos
- Impossíveis são ações para as quais não existem programas

O fácil e o difícil pressupõem, além da crença, força de vontade e empenho. A capacidade pressupõe muito treino.

A criança tem potencial para andar, mas só andará depois de cair e de se levantar várias vezes; caindo e se levantando seu cérebro vai colhendo informações de *certos* e *errados* e, com esses parâmetros, colocados numa sequência lógica, aprende a andar. Para aprender a comer é a mesma coisa. Para andar de bicicleta também. O adulto que não sabe andar de bicicleta tem todas as informações de **como** fazer, só que não é capaz de andar porque não subiu e caiu tantas vezes quantas eram necessárias para o cérebro criar coordenadas e aperfeiçoar o programa.

Por isso, em tudo na vida, é preciso treino para desenvolver uma boa capacidade, até para se tornar um bom jogador de futebol. Pelé, por exemplo, era um dos jogadores que mais cedo chegava aos treinos. Ele tinha o potencial e sabia da necessidade do treinamento para manifestar seu potencial.

Por exemplo: você vai ao circo e vê um malabarista equilibrando, durante 30 minutos, 15 pratos em cima de 15 varas, sem deixar cair um só. Você será capaz de fazer igual amanhã? Impossível. Não conseguirá firmar um único prato em cima da vareta. Por quê? Porque você não desenvolveu um programa para que isso acontecesse, e o malabarista sim. Porém, se você treinar durante seis meses, não será impossível, mas será difícil equilibrar os 15 pratos; talvez consiga equilibrar nove. Por quê? Porque o programa está quase feito, já existe, mas não tem qualidade. Se treinar mais de um ano, ficará fácil equilibrar os 15 pratos sem derrubar nenhum sequer. Por quê? Porque agora seu cérebro tem um programa de qualidade.

Outro exemplo: Maria tem uma capacidade menor que Paula, que por sua vez tem menos capacidade que Ruth, pois os programas cerebrais de Ruth são de mais qualidade que os programas de Paula e de Maria. Isso quer dizer que a capacidade depende da qualidade dos programas cerebrais existentes, e os limites da capacidade são os paradigmas.

PARADIGMAS

Paradigmas são normas e regras de comportamento. É tudo o que limita nossa capacidade real. É também a somatória dos traumas, bloqueios e medos. Seguindo a lenda, paradigma é como viver no galinheiro como uma galinha, tendo dentro de você o potencial de uma águia. Quebrar paradigmas é reaprender a voar como uma águia, enfrentando os traumas, bloqueios e medos, readquirindo o potencial e ampliando a capacidade de ação.

Os paradigmas são frutos da educação e do contexto em que a pessoa é criada. Os pais que superprotegem os filhos são ótimos criadores de paradigmas. Costumam impor aos filhos seus certos e errados. Os professores impõem suas verdades. A religião impõe a moral. A sociedade impõe os permitidos e os proibidos. O mal disso é que a pessoa, quando cresce, passa a pensar e a raciocinar com a cabeça dos outros, e seu cérebro torna-se um mero executor, acomoda-se em fazer apenas aquilo que lhe é fácil.

Repetindo: as verdades, quando impostas, podem se tornar paradigmas, que limitam a capacidade das pessoas, fazendo com que o cérebro se acomode e passe a executar apenas aquilo que lhe é cômodo, enquanto o correto seria buscar alternativas para executar o que é difícil e aparentemente impossível. Em outras palavras, o cérebro executa apenas os programas que já estão prontos e com qualidade, e não se preocupa em melhorar os programas mal desenvolvidos ou mesmo em criar novos programas.

Os paradigmas são formados desde que o cérebro começa a desempenhar seu papel de programador. São formados por influências externas no processamento criativo do cérebro. Os pais, quando mentalizam o nascimento de uma menina, poderão, no futuro, influenciar o processamento de um feto que é menino. A rejeição de um feto influenciará sua autoestima. Os pais que utilizam de muitas proibições na educação de seus filhos poderão influenciá-los, posteriormente, no fator segurança e determinação. Do mesmo modo, os pais que superprotegem os filhos poderão causar-lhes, no futuro, dependência e timidez.

Muitas vezes, o amor dos pais, por ser intenso, torna-se possessivo. Transferem para os filhos seus paradigmas de insegurança e medo, em lugar de prepará-los para, futuramente, enfrentar desafios; pegam-nos no colo para protegê-los. Com isso, o cérebro da criança acomoda-se e não utiliza seus milhões de neurônios para criar suas próprias defesas. Os neurônios não utilizados ficam, com o tempo, com suas funções reduzidas ou perdidas. Por isso, quanto mais os pais induzirem os filhos a utilizar seu próprio cérebro, melhor para eles, pois crescerão mais criativos, confiantes e seguros.

São três os princípios da educação: amor altruísta (incondicional), conversa (explicação) e responsabilidade (delegação). O filho precisa, primordialmente, saber que é amado e que está sendo corrigido não apenas por capricho dos pais (*"você deve", "você tem de"*), mas porque é estimado. A conversa é muito importante. O filho precisa saber por que isso é correto e aquilo não é. Conversar é falar, explicar, e também ouvir. É uma negociação e, como tal, é preciso ouvir o que a criança tem a dizer. Não deve existir: *você tem de me obedecer.*

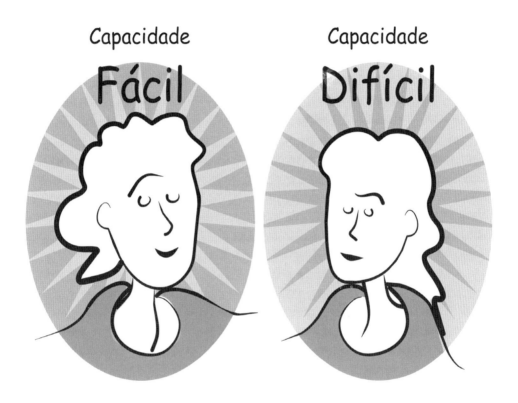

O que é fácil para Paula e para Ruth é aquilo para o qual elas têm um programa de qualidade. O que é fácil para Ruth pode ser difícil para Paula. Difícil é quando há programa, mas o mesmo não é bem feito. Impossível é quando não se tem programa. Para melhorar a capacidade, é preciso quebrar paradigmas. Paradigmas são o conjunto de certos e errados que nos impuseram na educação, como medos, traumas e bloqueios. Quebrar paradigmas é enfrentar os difíceis e os impossíveis que cerceiam nosso potencial, é não ter medo de errar, pois é errando que se aprende. Fazer o fácil é fácil. Para fazer o difícil, é preciso ter coragem.

PREDETERMINISMO

Não existe predeterminismo. O potencial objetivado pelo Criador é a perfeição e a felicidade, porém a perfeição física é determinada pela qualidade humana do óvulo e do espermatozoide, e a qualidade da gestação é determinada pelo estado físico da genitora. Não há, igualmente, predeterminismo no comportamento futuro. Existem, sim, influências da família, da sociedade, da escola e da religião, que determinam modos diferentes de agir, mas o que determinará o comportamento é a inteligência, vontade e livre arbítrio de cada pessoa.

Imagine uma família desequilibrada, em que os pais são alcoólatras, brigam, roubam, falam palavrões, mentem e batem nos filhos. São sete os filhos. Seis deles crescem malandros. Um, porém, estuda e torna-se uma pessoa exemplar. Por quê? Porque fez uso da inteligência para perceber que aqueles comportamentos estavam errados. Usou a vontade para procurar, em outros contextos, famílias e colegas, outros exemplos de comportamentos, e, usando o livre arbítrio, optou por seguir padrões diferentes daqueles da sua família.

O mesmo acontece com uma família em que os pais são estudados, trabalhadores, honestos, sendo seis filhos exemplares e um a ovelha negra. Por quê? Porque ele utilizou a inteligência, a vontade e o livre arbítrio para seguir parâmetros dos colegas malandros e não os parâmetros da família. Não existem duas pessoas que pensam, sentem, agem e reagem da mesma maneira. Isso significa que cada um é responsável por seus atos e por suas consequências, com alguns relevantes que dependem do ambiente e da educação.

Livre arbítrio é o direito que a pessoa tem de escolher o direcionamento da sua vida, podendo seguir *scripts* predeterminados ou reescrever seu próprio roteiro de vida. Para mudar, primeiro é preciso acreditar que não há idade para mudar. Segundo, é preciso querer mudar. Em terceiro lugar, é preciso se descobrir como pessoa especial. Em quarto lugar, é preciso olhar no espelho, todos os dias, e reafirmar: *eu sou especial*. Em quinto lugar, é colocar brilho nos olhos, pois os olhos são o espelho da alma. É preciso que as pessoas vejam seu conteúdo refletido nos olhos. Segundo o evangelho, os olhos manifestam o estado da alma (Mt. 6,22). Pelos olhos é possível saber se a pessoa está alegre ou triste, segura ou insegura, feliz ou infeliz, com Deus ou sem Deus. Uma pessoa sem crença tem os olhos opacos, sem brilho. Antes de iniciar o dia, coloque brilho em seus olhos e todos vão admirá-lo.

Capítulo 3

O SUCESSO

Não ande pelo caminho já traçado, pois
ele o conduzirá somente até onde outros já chegaram
Graham Bell

FATORES DE SUCESSO

Se todas as pessoas são maravilhosas, por que algumas pessoas têm mais sucesso que outras? O sucesso depende de uma série de fatores gerenciados pela inteligência. A inteligência seria, se assim pudéssemos dizer, a força que retesa o arco e direciona e impulsiona a flecha para o alvo. O primeiro fator é a crença. A crença é a semente, a crença em você como pessoa e na sua capacidade como profissional. Se a semente não for plantada e regada, a árvore não cresce. A árvore só pode dar frutos se crescer. O sucesso é a árvore grande carregada de frutos que todos podem saborear.

Diz uma lenda que o ser humano foi criado com duas asas para voar alto. Porém, com o apego aos bens materiais, perdeu uma. Agora, para poder voar e ter sucesso, precisa da asa de alguém. Dizem também que o ser humano é como o guarda-chuva: fechado não serve para nada, aberto protege das tempestades. O sucesso sempre pressupõe uma outra pessoa, mesmo que seja para competir. Outros fatores do sucesso são: percepção, determinação, criatividade, comunicação e relacionamentos.

Percepção: você deve perceber que tipo de árvore corresponderá melhor ao seu desejo, selecionar a melhor semente, preparar o terreno e saber como adubar para conseguir uma árvore sadia que produza os melhores frutos. Para obter sucesso, deverá perceber que tipo de realização lhe dará mais prazer, que tipo de trabalho corresponderá melhor ao seu perfil, e que ações efetuar para colher, posteriormente, os frutos desejados. Deve haver percepção do momento oportuno de falar ou de ouvir, do grau de interesse do outro em suas colocações, de como se adaptar a cada tipo de pessoa. Na empresa, não basta ser eficiente. Muitos chefes não promovem o funcionário eficiente porque sabem da dificuldade em substituí-lo e preferem promover um menos eficiente. Por isso, é preciso perceber a dinâmica da empresa, as vagas que se abrem na matriz e nas filiais, ir ao departamento de recursos humanos e se candidatar àquelas funções que correspondem ao seu perfil. Na escada do sucesso, ninguém pode subir os degraus por você.

Determinação: não basta saber, não basta querer; é preciso ter coragem e determinação. Não se deixar derrotar nas primeiras tentativas. É preciso saber que um "sim" costuma vir depois de uma série de "nãos". Os fracos não conseguem sucesso porque seguem caminhos asfaltados por onde todos andam. Geralmente, o tesouro é escondido no final da trilha mais difícil, e somente o encontrará quem seguir por essa trilha. Quem não é determinado e segue o *certo* e o *fácil* chegará apenas onde muitos já chegaram e não deixará sua marca.

Criatividade: fazer o óbvio é passar despercebido. Seguir o óbvio é executar os programas gravados nos "*chips*" da família, da escola, da religião e da sociedade, seguindo os *certos* e as *verdades* preestabelecidas; é como utilizar *cola* no vestibular da vida. Criar é quebrar paradigmas. É ver os problemas por mais de um ângulo e achar várias alternativas de solução. Em vendas, isso fica claro. O vendedor de sucesso é o que cria alternativas de soluções que levam o cliente a decidir pela compra.

Comunicação: comunicação é outro fator de sucesso. Todas as pessoas têm potencial para ter sucesso. Umas não têm braços, mas tocam violão ou fazem pinturas com a boca; outras não têm pernas mas praticam esportes; outras são cegas e cursam faculdades. Muitas outras têm tudo isso, mas não têm sucesso. Por quê? Porque não se comunicam. Ficam esperando que outros falem por elas. Ninguém faz marketing de ninguém, a não ser a mãe. Não espere dos outros; quando surgir oportunidade e o bom senso permitir, faça seu próprio marketing falando de suas qualidades; deixe de lado a falsa humildade. Tenha atitudes positivas. Saiba dialogar. O princípio de um bom diálogo é saber a hora de falar e a hora de ouvir. Um dos segredos para agradar o interlocutor é fazer perguntas sobre alguma coisa que ele gosta de fazer. Ele fala e você pergunta. Fica horas falando e você ouvindo e fazendo perguntas. Quando você sair, ele dirá: *"Que conversa agradável tem esse meu amigo"*.

Relacionamentos: neste mundo, ninguém prospera sozinho. Assim como uma empresa precisa de clientes para ter sucesso, o ser humano precisa de outras pessoas. Assim como o sucesso de um produto depende de sua qualidade intrínseca e da avaliação extrínseca baseada na qualidade resultante de sua utilização, também o sucesso de uma pessoa depende da crença na própria qualidade (autovalorização) e no reconhecimento externo da mesma (heteroavaliação).

OS VÍRUS DA COMUNICAÇÃO

Cuidado com os vírus da comunicação. São três: generalização, eliminação e distorção.

A **generalização** se dá de duas maneiras. A primeira é quando se usam termos abrangentes como *todos, sempre, nunca* e *nenhum*. Exemplos: todas as mulheres são fofoqueiras; todos os homens traem suas esposas; você sempre faz errado; você nunca faz direito. A segunda maneira se dá quando o ouvinte pega uma palavra ou afirmativa e amplia seu significado. Exemplo: levante a mão, e a pessoa levanta o braço; a polícia foi chamada, e a pessoa já imagina que houve crime, e esquece que o policial pode ser chamado por outros motivos; o rapaz pegou o dinheiro e saiu correndo, já se pensa em ladrão. Depois de uma palestra, alguém diz: tudo isso eu já sabia.

A **eliminação** acontece de forma natural, porque o cérebro é físico e, como tal, limitado. Uma máquina de lavar roupa trava quando se coloca muita roupa para ser lavada. O mesmo acontece com o cérebro quando recebe uma quantidade de informações superior à sua capacidade. Em linguagem estudantil se usa dizer que *deu branco*. A diferença entre o cérebro e a máquina de lavar roupa é que esta não é inteligente, e o cérebro sim. Com sua inteligência, o próprio cérebro determina a quantidade e quais informações quer processar. Porém, há um agravante: o cérebro, além de inteligente, é esperto e acomodado, e, na maioria das vezes, quer processar só o que lhe interessa, e executar só o que é fácil e não exige sacrifício. Por exemplo, numa palestra ou na sala de aula, inventa a desculpa: *isso já sei, isso não interessa.*

A **distorção** ocorre quando o cérebro pega aquilo que foi novidade e dá uma distorcida para ficar parecido com o que ele já sabia. No final, malandramente, poderá dizer: *não aprendi nada.* Disso se conclui que o aluno, apesar de ser inteligente e prestar atenção nas aulas ou palestras, corre o risco de aprender apenas cerca de 5 a 15%. Para aprender mais, precisa estar atento, anotar e fazer perguntas pertinentes.

DISCUSSÕES

Mais de 70% das desavenças entre pessoas acontecem motivadas pelos vírus da comunicação. O cérebro é acomodado e, para não ter o trabalho de processar, generaliza, elimina e distorce, iniciando o jogo do *"eu disse, você não disse".* Depois de muito tempo de discussão, os conflitantes concluem que estavam dizendo a mesma coisa. Para evitar os atritos negativos de ideias, é preciso seguir algumas regras:

- Respirar fundo ou contar até dez para invocar o adulto e não permitir que as emoções se envolvam no conflito.
- Ouvir atentamente, ou seja, não interromper e ficar atento ao sentido das palavras. Por exemplo, se a pessoa disser que está com um problema, procurar saber qual o tipo de problema. Muitas vezes, a pessoa não quer ouvir conselhos e nem a solução, quer apenas desabafar. Minha mãe dizia para colocar água na boca, porque cada palavra que se diz para uma pessoa nervosa é como um copo de álcool que se joga na fogueira.
- Repetir resumidamente a essência do conteúdo exposto pelo manifestante: *Deixe-me ver se entendi bem, você disse que...*
- Verificar: *É isso mesmo?*

Capítulo 3 - O SUCESSO

- Em caso afirmativo, acrescentar: *Concordo ou entendo seu ponto de vista.*

Seguindo esses princípios, a pessoa sai do estado emocional e entra no estado racional, adulto. Nesse estado, é possível estabelecer o diálogo.

MARKETING PESSOAL

Para ter sucesso é preciso ter crença, percepção, criatividade e saber se comunicar, mas é preciso também saber fazer seu marketing. Muitos produtos são maravilhosos e têm potencial, porém ficam na prateleira, mofando e perdendo a validade. O mesmo pode acontecer com o ser humano, que pode ter potencial, ser maravilhoso, mas correr o risco de ficar esquecido e solitário. Assim como o produto, o ser humano precisa fazer seu marketing, precisa trabalhar os cinco Ps: produto, propaganda, promoção, praça e preço.

PRODUTO

O produto mais importante que já foi criado é o ser humano. Como ninguém cria algo para ficar esquecido na prateleira, também o ser humano foi criado para ser divulgado, aceito e valorizado. A regra básica para que um produto seja vendido ou comprado é que seja conhecido. O vendedor que desconhece o produto não pode falar com segurança e persuasão sobre ele e seus benefícios, perdendo, portanto, boas oportunidades de vendas. Da mesma forma, a pessoa que não se conhece não vai se fazer aceita e valorizada. Conhecer-se é dar o real valor à embalagem física, corpo, e ao conteúdo interno, essência divina.

PROPAGANDA

O ser humano não foi criado para ficar debaixo da mesa, mas em cima da mesma para que sua luz brilhe e ilumine o caminho dos outros

(Mt. 5,13). A humildade não consiste em ser uma luz apagada, mas sim em não querer ser mais que os outros. A lâmpada do teto não menospreza a lâmpada do abajur. A propaganda pode ser feita de forma visual, falada e pelas atitudes. A propaganda visual se faz pelo cuidado com a aparência, corpo asseado, roupa limpa, cabelo penteado, modo de sentar-se à mesa, maneira de comer, etiqueta à mesa, etc. A propaganda falada vem com as palavras, expressões e o silêncio.

Aprendemos desde cedo a falar no negativo e no genérico em vez de falar no positivo. Por exemplo, em vez de falar: *"Isso não vai dar certo"*, é melhor dizer: *"Farei o possível para que isso dê certo"*. Outro exemplo: *"Se não comprar, vai sair perdendo"*, substituir por: *"Se comprar, vai sair ganhando"*. Ninguém gosta de uma pessoa negativa e pessimista. Aquela pessoa que sempre diz *não* quando é convidada para um piquenique, ou sempre acha que vai chover, acaba ficando sem amigos. A namorada ou o namorado que só falam de problemas, como se o companheiro fosse um terapeuta, acaba ficando solteiro(a). Quem critica os pais perde o respeito do companheiro; no fundo da alma, todos admiram quem admira os pais. Os termos genéricos *sempre, nunca* e *todos,* também são *"anti"* marketing. Expressões como *"eu nunca erro"*, *"você sempre fala errado"*, *"todas a mulheres dirigem mal"* levam a pessoa à descrença, dão ideia de uma pessoa prepotente. O silêncio por timidez, por desprezo ou ironia demonstra imaturidade, mas o silêncio respeitoso traduz serenidade; deixar o outro gritar, xingar e expor tudo o que sente, sem se alterar, tira-o da emoção e o coloca na razão, e, a partir daí, evitada a discussão, fica fácil dialogar.

Atitudes são também meios de propaganda. É o que mais chama a atenção. Tome a iniciativa de divulgar seu nome, ele é sua marca. Todo produto de qualidade tem de ter uma marca. Não espere que o outro o cumprimente, diga seu nome e o cumprimente. Quem não cumprimenta corre o risco de ser considerado antipático. Não corra esse risco. Todos, mesmo os mais sérios, gostam de ser cumprimentados. Não espere retorno, cumprimente. Eu estava voltando para casa e, ao passar em frente à padaria, cumprimentei um mendigo, que estava saboreando um enorme sanduíche: *"Bom dia, qual é mesmo seu nome?"* "Rodrigo." *"Bonito nome, seu Rodrigo. Aqui está um real para o senhor."* Quando ia me afastando, escutei-o dizer: *"Até que enfim alguém descobriu que sou gente também"*.

Certamente, o mais importante para ele foi o cumprimento e eu ter falado seu nome. É tão fácil fazer o outro feliz!

Outro dia entrei no elevador para ir ao décimo andar de um prédio em que ministro um curso de oratória. Logo que entrei, fiquei com "cara de elevador", fisionomia séria. Junto comigo, quatro pessoas também estavam com cara de elevador. No andar de cima, entrou um senhor, já idoso, de cabelos brancos. Entrou sorrindo e cumprimentou alegre: *"Boa tarde amigos"*. Todos responderam, sorrindo: *"Boa tarde"*. O velhinho quebrou nossa "cara de elevador" e fez seu marketing.

A propaganda se faz também pela performance ideal. Performance ideal é fazer corretamente pelo prazer de fazer bem feito, isto é, fazer de uma maneira tal que agrade a si e ao outro, independentemente do fato de ele estar vendo ou não. Por exemplo: tirar cópias e colocar papel na bandeja para o próximo usuário; prover o banheiro de papel higiênico quando estiver no fim; após tomar água, repor água no vidro e colocá-lo na geladeira; não deixar a tampa do vaso sanitário molhado, etc. Agindo assim, certamente sua imagem pessoal e profissional será positiva.

Promoção

Enquanto a propaganda está mais relacionada à fala e à visão, mostrar e falar sobre o produto, a promoção está relacionada à sensação e ao sentimento. Sinta esse sabor, experimente esse gosto. No caso da pessoa humana, é a mesma coisa. A pessoa, para se fazer aceita e valorizada, e, mais tarde, na velhice, não perder a validade e não ser tratada como um estorvo, precisa, desde jovem, aprender a se promover. Isso é feito externando seu verdadeiro valor, que é seu conteúdo interno. O conteúdo externo também, mas principalmente seu valor interno que é a essência divina, luz e amor, que é a imagem do deus interno que o acompanha nesta vida. A promoção se faz deixando as pessoas sentirem, vivenciarem o seu deus interno. E isso pode ser feito de duas maneiras: pelo brilho nos olhos e pelo sorriso.

Brilho nos olhos: Os olhos são o espelho da alma (Mt. 6,22). Quem é negativo, pessimista, triste e sem crença tem os olhos apagados, sem brilho; é como se Deus estivesse preso dentro de si, com as portas e janelas fechadas. Uma pessoa que crê em si mesma, que se ama, que se valoriza, tem brilho nos olhos.

Certa vez, uma moça me disse: *"Professor, eu não tenho sorte, nada dá certo para mim. Estou com 27 anos. Todas as minhas amigas já se casaram e eu nem namorado tenho ainda, não gostaria de ficar solteira"*. Olhei nos olhos dela. Eram olhos apagados, com pouquíssimo brilho. Eu lhe disse: *"Filha, quando chegar a sua casa, vá direto para o banheiro e feche as portas"*. *"Para que isso, professor?"* *"Para ninguém pensar que você é louca. Feche as portas, olhe no espelho, veja seus olhos, imagine que tem dois botões de brilho ao lado de seus olhos, gire-os e coloque mais brilho nos olhos."* *"Para quê professor?"* *"Faça e você verá que sua sorte vai mudar."* *"Vou arrumar namorado?"* *"Até isso pode acontecer."*

Um ano e três meses depois, recebo um telefonema. *"Professor, é a Ruth quem está falando, lembra-se de mim?"* *"Não, Ruth. São tantas as moças que passam pelos meus cursos que não me lembro."* *"Professor, é a Ruth do brilho dos olhos, no banheiro, lembra-se agora?"* *"Agora sim. Como vai Ruth?"* *"Professor, deu certo! Estou ótima e feliz. Queria que o senhor soubesse, por isso estou ligando."* *"O que deu certo, Ruth?"* *"Professor, vou me casar no próximo mês e quero convidá-lo. Ficarei muito feliz*

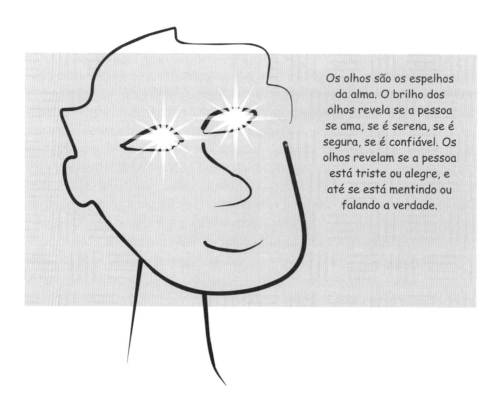

Os olhos são os espelhos da alma. O brilho dos olhos revela se a pessoa se ama, se é serena, se é segura, se é confiável. Os olhos revelam se a pessoa está triste ou alegre, e até se está mentindo ou falando a verdade.

em tê-lo como meu padrinho, e, sabe, professor, o que meu noivo admira mais em mim? É o brilho dos meus olhos." A revelação da Ruth me deixou feliz, porque ela entendeu que a alma deve sempre estar estampada nos olhos, e para isso deve estar bonita.

Realmente, o que cativa as pessoas e faz com que respeitem e admirem você são seus olhos. O brilho dos olhos diz até que ponto você é de confiança e merece ser respeitado. Portanto, não saia de casa sem fazer a maquiagem da alma, coloque brilho nos seus olhos e verá as coisas mais bonitas. O seu dia será melhor, e as pessoas o respeitarão mais.

Sorriso: Quando se fala em sorriso, não se fala de riso, nem de gargalhada, pois ambos podem significar insegurança e nervosismo. Sorriso é aquela expressão serena de paz que aparece no rosto. Quando fica nervosa e séria, a pessoa franze 32 músculos do rosto, ao passo que com um simples sorriso apenas 28 são tensionados. Portanto, até por questão de economia, é melhor sorrir. O sorriso conserva a pele e esconde os sinais da idade. Quem sorri manifesta a alma, torna-se mais aceito e valorizado.

Aprendi isso a duras penas. Eu era carrancudo, pessimista, achava que ninguém gostava de mim. Para compensar, joguei-me nos livros. Fiz várias faculdades e especializações. Quando resolvi me especializar em psicanálise, conheci na faculdade a Silvia, uma menina não tão bonita, mas que tinha um lindo sorriso e muito brilho nos olhos, ou seja, tudo o que eu não tinha. Apaixonei-me por ela. Eu a procurava, e ela me evitava. Como, além de aluno, lecionava algumas matérias e era o líder de classe, os colegas me admiravam, e várias meninas me paqueravam; porém, a Silvia me evitava. Certa noite, numa terapia de grupo, com 13 alunos, em que cada um expressava seus sentimentos, ela se virou para mim e disse: *"Cortez, não suporto você; você é falso e fingido, não gosto de gente fingida; não me convide mais para tomar café e me faça um grande favor: evite puxar conversa comigo"*. Todos ficaram em silêncio, e eu também, mesmo porque eu igualmente não gostava de mim, me achava chato e forçado. A Silvia estava correta.

Terminada a terapia, às 11 horas da noite, todos saíram e eu fui para a secretaria assinar alguns papéis, porque fazia parte da diretoria. Meia hora depois, desci. Estava chovendo bastante. Quem estava na portaria do prédio? A Silvia. *"Oi Silvia, tudo bem?" "Além de falso e fingido, é surdo também?" "Não, Silvia, não sou surdo, ouvi muito bem o que disse e acho até que você está correta." "Está vendo como você é falso?" "Silvia, está chovendo muito, quer que uma carona?" "Não."* (secamente) *"Se quiser, eu a deixo dirigir." "Deixa mesmo?" "Deixo."*

Foi meu maior erro. Ela não sabia dirigir. Não tinha carteira de habilitação. Numa curva, chovendo, acelerou em vez de diminuir. O carro bateu num carro da polícia e foi parar dentro de um posto de gasolina, e por pouco não bateu na bomba. Quando dei por mim, o carro estava rodeado de policiais com revólveres e espingardas apontados para nós. Pensaram que fôssemos bandidos. Pensei: *"Estou perdido, agora nós dois vamos para a cadeia".*

A Sílvia, com aquele seu jeitinho meigo, saiu e se pôs a conversar com os policiais. Seu sorriso e brilho nos olhos fizeram com que não só não nos multassem, mas ainda empurrassem meu carro para dar a partida. A Silvia divertiu-se com seu sucesso e eu também. Fomos rindo para a casa dela, só que agora fui dirigindo. Aproveitando seu bom humor, eu disse: *"Sílvia, eu quero mudar, e só você pode me ajudar".*

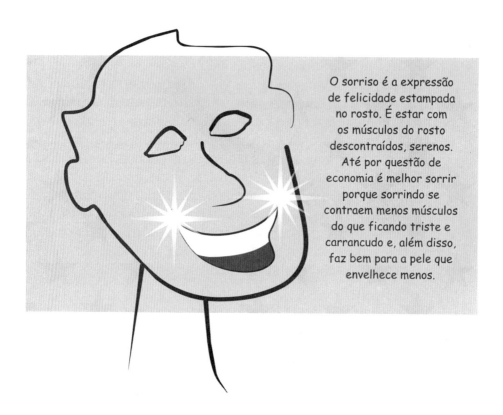

O sorriso é a expressão de felicidade estampada no rosto. É estar com os músculos do rosto descontraídos, serenos. Até por questão de economia é melhor sorrir porque sorrindo se contraem menos músculos do que ficando triste e carrancudo e, além disso, faz bem para a pele que envelhece menos.

Capítulo 3 - O SUCESSO

"Se quer mesmo, tire a máscara." "Que máscara?" "Você é muito sério. Coloque um pouco de sorriso nesse seu rosto, só isso."

Falou, deu um beijinho em meu rosto e entrou em casa. Voltei para casa praticando com um sorriso forçado na face. Ao me deitar, fiquei pensando no que poderia fazer para aprender a sorrir, e decidi que, a partir daquele dia, dormiria sorrindo. Incrivelmente, consegui dormir a noite inteira, sem acordar várias vezes como era de costume. Na noite seguinte, coloquei novamente o sorriso no rosto e aconteceu a mesma coisa: dormi tranquilo a noite inteira. Só mais tarde descobri o porquê. O cérebro é um executor de comandos. Quando ele percebe o rosto tenso, joga adrenalina. Se o rosto está alegre, joga dopamina e o corpo relaxa e dorme. Não acredita? Seja "São Tomé", faça para crer, mas fique de olhos abertos, piscando lentamente. Isso evita pensamentos que atrapalham a chegada do sono.

Preço e praça

Você é um produto especial criado por um artista perfeito, e todo produto tem seu preço. O preço precisa ser real. Se for muito caro, ninguém compra. Se for muito barato, ninguém valoriza. A pessoa que não acredita em si e não faz sua propaganda e promoção, que é tímida e insegura, mesmo que coloque uma placa com o valor de "R$ 1,99" ninguém compra. Corre o risco de ficar na prateleira, pegando poeira e perdendo a validade. No final de sua vida, pode ser posta de escanteio pelos filhos e netos, quem sabe vai morar no quartinho dos fundos ou até mesmo num asilo. Porém, a pessoa que faz sua propaganda e promoção positivas, que acredita em si e se ama, é feliz, alegre e sorridente, pode colocar um preço altíssimo, que assim mesmo vai ser aceita e valorizada, sua companhia será disputada pelos filhos e netos.

O funcionário que faz seu marketing pessoal positivo será benquisto pelos chefes e colegas, todos o valorizarão, sua promoção acontecerá com mais rapidez, e sua presença será disputada nos eventos e festas. O futuro de cada um depende da forma com que faz seu marketing.

Você deve se vender em todo lugar, a começar por sua casa, para a família. Vender-se até no elevador. Onde existe mais de uma pessoa, é preciso se vender. Venda-se principalmente em sua casa, pois seus pais e irmãos precisam de você. Se você não se dá bem com alguém da sua família, analise-se; provavelmente você não se vendeu bem. Se quiser formar uma família, "venda-se bem" para seu pretendente. Não é o corpo que se vende, mas seu conteúdo interno. Não faça do namorado um terapeuta. Ele quer alguém para compartilhar coisas boas, e não problemas.

Não faça de seu pretendente um terapeuta, senão correrá o risco de perdê-lo para sempre. Para ouvir os seus problemas existem os psicólogos.

Se quiser compartilhar seus problemas, procure um psicólogo. O valor da consulta é alto porque uma das coisas mais chatas do mundo é ouvir problemas dos outros. Poupe seu namorado. Se casar, poupe seu companheiro; não queira realizar seu sonho de solteiro à custa do sonho dele. Todos casam pensando em realizar um sonho, mas, para o casamento dar certo, é preciso compartilhar os sonhos, fazendo dos dois um só sonho: uma família feliz.

Capítulo 4

PERFIS INDIVIDUAIS

Se ao sair sentir falta de alguma coisa, volte para buscá-la,
provavelmente esqueceu-se de sua criança interior.
Longe dela sempre sentirá um vazio.
Autor desconhecido

DIFERENÇAS PESSOAIS

Os relacionamentos pressupõem percepção, aceitação e respeito às diferenças individuais. Assim como num jardim de rosas a beleza está nas diferenças entre as flores, no jardim humano a beleza está nas diferenças pessoais. Essas diferenças, e sua não percepção, explicam a maioria dos conflitos de relacionamento.

São vários os fatores que determinam as características e as diferenças entre as pessoas. Uma delas, e a principal, é a própria estrutura psicossocial denominada perfil. Podemos, de uma maneira bem simples, comparar o perfil com a estrutura de uma casa, em que as paredes e divisórias são construídas para uma determinada atividade, escritório, residência, loja, fábrica, etc.

O ser humano não é construído para um fim operacional, mas, no decorrer da formação, adquire características voltadas para determinados tipos de atividades, ou seja, adquire um perfil.

TIPOS DE PERFIS

O perfil é determinado pela parte genética e pelas informações colhidas e processadas no decorrer da existência de uma pessoa. O processador humano, denominado cérebro, começa a ser fabricado desde a concepção, mas passa a ser reconhecido como órgão existente apenas na quarta semana de gestação. A partir daí, inicia sua função de processador e vai se aperfeiçoando até atingir, perto dos 18 anos, sua maturidade. O que determina seu perfil é o desenvolvimento que se dá pela parte genética e pelas informações recebidas pelos sentidos e captadas do contexto em que vive e é educado. Estudos e testes psicológicos desenvolvidos com base nos quadrantes mentais indicam quatro tipos de perfis comportamentais: racional, conservador, sentimental e inovador.

ESQUEMA DOS QUADRANTES

Hemisfério Direito | Hemisfério Esquerdo

Perfil Inovador

Perfil Racional

Perfil Sentimental

Perfil Conservador

Perfil racional

Quadrante posterior do hemisfério esquerdo. Pessoa séria, concentrada, minuciosa, perfeccionista, analítica, crítica, que só acredita vendo, que quer saber a razão e o significado de tudo, estudiosa, pesquisadora, que gosta de ficar sozinha, fala pouco e apenas o essencial, não gosta de floreios, é direta e franca, dando a impressão errada de ser grossa e mal-educada. Perfil próprio para desenvolver projetos e trabalhar na área de análise. Como médico, é ótimo cirurgião; no consultório, não se preocupa em ser gentil, fala apenas o essencial. É honesto e fiel com quem merece sua confiança, mas não demonstra afetividade. Age mais com a razão e menos com o coração. Seus amigos são selecionados pela cultura e saber. Se for advogado, analisa exaustivamente o caso e cria a estratégia de defesa com base em minúcias que outros não perceberiam.

Perfil conservador

Quadrante frontal do hemisfério esquerdo. Pessoa ativa, predeterminada, esforçada, seguidora de regras e normas, cumpridora dos deveres, operacional, fiel, obediente, responsável, executa suas funções com exatidão. Não critica e nem discute, procura desempenhar com perfeição suas tarefas. Não gosta de ser cobrada porque sempre desempenha suas obrigações com desvelo. Coloca os deveres em primeiro lugar. É excelente auxiliar de qualquer chefe, mas, por tendência, gosta de trabalhar na área mais operacional, como fábrica e logística. Sua lógica é baseada em parâmetros socialmente estabelecidos. Como médico, segue os ensinamentos obtidos na faculdade e as normas estabelecidas pelos planos de saúde. Seleciona seus amigos mais pelas atitudes, ou seja, é amigo de quem demonstra amizade. Se for advogado, apega-se às leis do código penal, que conhece muito bem, para criar a estratégia de defesa.

Perfil sentimental

Quadrante frontal do hemisfério direito. Pessoa sensível, amiga, companheira. Age mais pelo coração que pela razão. Preocupada com os outros. Tem dificuldade de viver sozinha. Precisa de gente ao seu redor. Gosta de trabalhar em equipe. Está sempre pronta a ajudar. Tem dificuldade de falar não. É conselheira. Muitas vezes, coloca os outros em primeiro lugar, esquecendo-se de si mesma. É espiritualista e muito crente. Costuma acreditar fielmente nos mestres e segui-los. O que lê e ouve passa a ser verdade. São pessoas muito boas e queridas. Inspiram confiança. Como médico, consegue interagir com a essência dos pacientes, é admirado e cultuado. Como advogado, cria a estratégia de defesa baseando-se nas emoções dos jurados.

Perfil inovador

Quadrante posterior do hemisfério direito. Pessoa ativa, irrequieta, criativa, constantemente à procura de algo novo a fazer. Agradável, sempre pronta a ajudar os colegas, pega mil tarefas para fazer, mas com probabilidade de deixá-las inacabadas. Social, faz amigos com facilidade. É política, gosta de agradar e elogiar. É geralmente muito admirada. É social e fluente em qualquer assunto aparentando ser culta. Não gosta de tarefas repetitivas, gosta de mudar, de inovar, de fazer diferente. Arrisca-se, não tem medo de errar. Põe "a mão na massa" e faz; se errar, aprende com o erro. Como médico, é agradável e tem muitos pacientes. Como advogado, baseia a estratégia de defesa na argumentação e persuasão, confiante na sua oratória.

ATITUDES E AUTOANÁLISE

Não existe uma pessoa que tenha exclusivamente um determinado perfil, mesmo porque seria considerada louca, não conseguiria viver em sociedade, estaria num hospício amarrada ou já teria dado fim a sua

Capítulo 4 - PERFIS INDIVIDUAIS

vida. Toda pessoa age com base nos quatro perfis, porém com foco maior em um deles e com foco menor em outro. Porém, o ideal é procurar desenvolver um equilíbrio entre os quatro. Para isso, é importante descobrir qual o quadrante em que há mais dificuldade de relacionamento e exercitá-lo. Pouco adianta querer melhorar se não souber primeiro em que melhorar.

O primeiro passo para uma autoanálise é saber o que determina cada perfil, qual é sua manifestação, como costuma agir e responder a cada situação, para descobrir seu ponto forte e seu ponto fraco. O ponto forte determina seu modo normal de ser, de agir e reagir a situações. O ponto fraco diz em que você tem mais dificuldade de interação com as pessoas e com o contexto em que vive. Então, é preciso fazer uma autoanálise com base nas descrições dos perfis. O segundo passo é fazer um teste para se conhecer melhor. Primeiro vamos conhecer o que a psicologia diz de cada perfil, mas lembre-se que a pessoa não é um perfil único.

TESTE DOS QUADRANTES

CRIATIVIDADE E DOMINÂNCIA CEREBRAL

As questões a seguir foram baseadas nos estudos de Ned Herrmann sobre criatividade a dominância cerebral. Responda com muita sinceridade! Não tente "acertar" as respostas que parecem mais "adequadas" ou "socialmente corretas". Para não distorcer o resultado, procure ser bem verdadeiro e escolha a resposta mais adequada para você! Para cada pergunta, marque apenas uma resposta.

QUAL PALAVRA MELHOR DEFINE SEU MODO DE AGIR?

C. Organizado
S. Emocional

I. Imaginativo
R. Analítico

Qual palavra melhor define suas atitudes?

S. Sentimental
R. Realista
I. Empreendedor
C. Detalhista

Qual palavra melhor define seu modo de ser?

R. Lógico
C. Controlado
S. Sensível
I. Inventivo

Qual palavra melhor define seu modo de operar?

I. Criativo
C. Organizado
R. Crítico
S. Amigo

Qual tipo de pergunta você mais gosta de fazer?

R. O quê?
C. Como?

Capítulo 4 - **PERFIS INDIVIDUAIS**

R. Por quê?
I. Quem?

Qual o tipo de ação é mais normal para você?

I. Experimentar
S. Sentir
C. Organizar
R. Analisar

Das palavras a seguir, quais são mais comuns para você?

R. Dados, fatos
C. Sequência, ordem
S. Equipe, pessoas
I. Possibilidades, novidades

Quais são as palavras que melhor definem seu estilo?

I. Experimental, intuitivo, inovador
S. Comunicativo, emocional, extrovertido
C. Organizado, pontual, controlado
R. Realista, crítico, determinado

Qual é a frase com que você mais se identifica?

R. Vamos analisar os fatos
C. Sempre fazemos desta forma

S. Vejamos os valores humanos
I. Vamos inovar e criar novas ideias

QUANDO VOCÊ TEM DIFICULDADE DE RESOLVER UM PROBLEMA, GERALMENTE...

I. Visualiza os fatos tratando-os de forma intuitiva e geral
C. Organiza os fatos tratando os detalhes de forma realista
S. Sente os fatos tratando-os de forma expressiva a interpessoal
R. Analisa os fatos tratando-os de forma lógica a racional

QUANDO HÁ UMA DIFICULDADE OU PROBLEMA, VOCÊ PREFERE:

I. Imaginar o que pode ser modificado
S. Estimular o envolvimento da equipe
C. Pensar numa forma mais segura de fazer
R. Verificar os dados e acompanhar o resultado

DURANTE OS TRABALHOS EM EQUIPE, GERALMENTE VOCÊ PREFERE:

C. Observar detalhes que os outros colegas não observam
I. Imaginar soluções que os outros não imaginam
S. Falar e sentir coisas que os outros não falam nem sentem
R. Analisar fatos que os outros colegas não analisam

VOCÊ PREFERE DESENVOLVER UMA TAREFA QUANDO:

R. Conhece tudo a respeito
C. Ela apresenta regras bem definidas

Capítulo 4 - **PERFIS INDIVIDUAIS**

S. As pessoas envolvidas trabalham em harmonia
I. Pode testar sua capacidade

Quando você troca ideias no trabalho, prefere:

R. Realidade, lógica
C. Disciplina, controle
S. Emoções, sentimentos
I. Ideias, intuição

Antes de aceitar a responsabilidade pela execução de uma tarefa:

R. Quer examinar sua lógica e racionalidade
S. Precisa ter confiança nas pessoas envolvidas
C. Quer saber como ela será executada na prática
I. Quer descobrir se ela é inovadora

No trabalho, você se aborrece quando:

C. Vê as coisas bagunçadas
R. Não pode trabalhar com coisas concretas
S. As pessoas discutem e brigam
I. Limitam sua criatividade

Marque a situação que faz você se sentir mais motivado no trabalho

R. Analisar dados, números, trabalhar sozinho
C. Planejar, ver os detalhes, fazer as coisas no prazo previsto

S. Trabalhar com pessoas, trocar ideias, sentir emoções, ouvir e falar

I. Provocar mudanças, imaginar o futuro, testar coisas novas

QUANDO FAZ ALGO, PENSA EM COMO ISSO VAI AFETAR:

R. O desempenho e os resultados

C. O prazo e os procedimentos

S. As pessoas

I. As tarefas futuras

COMO PREFERE REALIZAR SEU TRABALHO?

R. Trabalhar sozinho, dar atenção aos aspectos técnicos

C. Fazer as coisas no prazo previsto e prestar atenção aos detalhes

S. Ouvir e falar, trabalhar com pessoas

I. Fazer experiências, criar, provocar mudanças, correr riscos

ALGUNS DOS SEUS PONTOS FORTES NO TRABALHO SÃO:

S. Envolver todas as pessoas e saber sentir o que todos desejam

I. Criar soluções novas e perceber o que ainda vai acontecer

R. Analisar os dados e resolver os problemas de acordo com a lógica

C. Perceber os detalhes e organizar as coisas de forma controlada

ANÁLISE DOS PERFIS

Para fazer a análise, obtenha a soma das letras R, C, S, I e coloque nos quadrantes, como exemplificado na próxima página.

Capítulo 4 - PERFIS INDIVIDUAIS

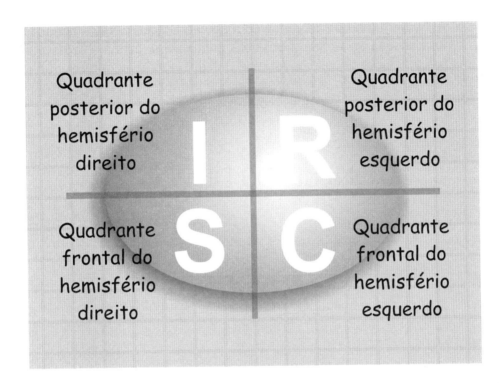

O ideal é o equilíbrio entre os quatro quadrantes, porém haverá sempre um ou dois quadrantes em que o perfil será dominante. Os quadrantes com resultados mais baixos indicam o perfil das pessoas com que você tem dificuldade de entrosamento e com as quais terá de se esforçar para conviver bem. É importante saber que todos os perfis de pessoas são necessários e extremamente úteis para a sociedade e para a empresa, visto que cada um terá aptidão para desempenhar algum tipo de função. Uma empresa só terá sucesso se tiver funcionários mesclados com os quatro perfis.

Uma empresa sem funcionários de perfil "R" estará fadada ao insucesso porque não terá análise correta da situação financeira e da adequação de seus planos às necessidades do mercado. Uma empresa sem funcionários de perfil "C" tenderá a ser desorganizada, sem ritmo de produção, de logística etc. Sem funcionários tipo "S", terá problemas de relacionamento, de liderança, de atendimento e de pós-vendas. Sem funcionários perfil "I", haverá falta de criatividade, problemas de marketing, de vendas, etc.

Se houver uma boa liderança com percepção dos perfis e adequação das pessoas às tarefas e objetivos pretendidos, certamente haverá uma soma positiva de valores em que uns aprenderão com os outros e todos sairão ganhando: a empresa, porque produzirá mais, e os funcionários, porque trabalharão mais motivados.

CONFLITOS DE PERFIS

Entre vários conflitos que podem existir, citamos aqui os dois mais prováveis:

Conflitos com os outros: por causa de características e atitudes, em que um "não vai com a cara" do outro, como, por exemplo, o tipo "R" que não suporta as brincadeiras do tipo "S", taxando-o de irresponsável e desligado, enquanto o tipo "S" achará o tipo "R" muito sério, "chato" e antissocial.

Conflitos consigo mesmo: insatisfação com a função, com o ambiente de trabalho, com a chefia ou com a equipe e com o próprio desempenho. A causa, provavelmente, é não estar trabalhando na área correspondente ao seu perfil. Veja onde gostaria de trabalhar e solicite sua transferência. Se não for atendido, crie coragem e persiga o que gosta e tem aptidão na empresa ou fora dela.

PERFIL DO LÍDER

Para ser um líder eficaz, a pessoa precisa ter equilíbrio entre os quatro quadrantes, senão corre o risco de proteger aqueles funcionários que mais se aproximam do seu perfil e desmerecer os que estão mais distantes do mesmo. Havendo um equilíbrio entre os perfis, o líder consegue perceber que determinado funcionário não está produzindo tanto quanto poderia porque ocupa uma função que não corresponde ao seu melhor perfil. Nesse caso, em vez de dispensá-lo, transfere-o para outro setor em que se tornará muito mais eficiente. Com isso, a empresa

OS PERFIS NA FAMÍLIA

economizará duplamente, não gastando com indenização, contratação e treinamento de um novo funcionário.

Imagine uma dona de casa tipo "R" recebendo uma receita. Ela analisará a receita e, se não entender sua lógica, a deixará de lado e não fará o bolo. Quando tem convidados para o jantar, prepara uma mesa vistosa, enfeitada, com diversos talheres. Nem bem termina o jantar, retira os pratos para lavar. Não gosta de "fazer sala".

Já a dona de casa tipo "C" faz a receita do bolo seguindo fielmente os passos ali indicados. Quando recebe convidados, procura saber antes o que eles gostam de comer. Coloca a comida em bandejas na mesa porque é mais prático. Terminado o jantar, leva a visita para conversar na sala. Somente depois que a visita for embora é que vai lavar a louça.

A dona de casa tipo "S" pensa logo em passar a receita para as amigas. Quando tem convidados para o jantar, preocupa-se em fazer em grande quantidade para que comam à vontade. Deixa servirem-se no fogão mesmo porque é mais fácil. Terminado o jantar, fica conversando por horas na mesa. Quando a visita se despede, fica ainda horas no portão. Quando finalmente entra e vê aquele montão de vasilhas sujas, pensa: *"Amanhã eu lavarei"*.

A dona de casa tipo "I" modifica a receita, faz o bolo e, se der errado, tenta de novo até acertar. Quando acerta, conta como se fosse criação sua. Quando recebe visitas para jantar, preocupa-se em fazer pratos variados. Como é agradável, gosta de conversar, e com isso o almoço costuma atrasar. Quando o almoço termina, geralmente ficam horas conversando. Como é política, muitas vezes consegue que a visita participe da arrumação da mesa, enquanto conversam.

O filho tipo "R" é estudioso. Chega em casa e vai direto para o quarto, não é de muita conversa. Gosta de ficar com seus pensamentos. Não gosta de demonstrar afeto. Seu caderno é bem cuidado, e a matéria é bem reduzida e disposta numa lógica que só ele entende.

O filho tipo "C", ao chegar em casa, gosta de trocar ideias, de contar e compartilhar as novidades. Verbaliza afeto. Seu caderno é um exemplo de anotações e didática, que qualquer um consegue entender. Nos grupos de estudo, costuma ser o líder.

O filho tipo "S" é afetivo, carinhoso. Ao chegar em casa, abraça e beija os pais. Gosta mais de compartilhar afeto. Seu caderno é repleto de anotações, sem uma ordem lógica. É inteligente, mas divaga muito. Precisa estudar bastante para tirar boas notas.

O filho tipo "I" é agradável, de boa conversa, contador de piadas, inventor de histórias, sempre pronto a prestar ajuda, porém, como se compromete demais, fica, muitas vezes, apenas na promessa.

Também na família, todas as pessoas trabalham com todos os quadrantes. Uma pessoa serena, ponderada, tem equilíbrio nos quatro quadrantes, mesmo porque quem tivesse extremos num dos quadrantes "R", "C", "S" ou "I" seria considerada problemática, poderia estar no hospício ou já ter se suicidado. Sempre que houver um quadrante mais forte, haverá um outro mais fraco. O fraco é no qual a pessoa tem dificuldades de relacionamento, e no qual tem de melhorar para se dar bem na família e na sociedade.

TEMPERAMENTOS

Quem é mais "R" e mais "C" tende a ser realista, pé-no-chão, incrédulo. Arrisca-se pouco. Tem medo de errar e de ser criticado. Precisa acreditar mais nele mesmo, arriscar-se mais, lembrar-se de que errar não é errado, pois é errando que se aprende. Precisa aprender a se colocar mais no lugar do outro e a ouvi-lo mais.

Quem tem foco maior nos quadrantes "C" e "I" costuma ser mais ativo, esforçado. É impaciente, porém sensível; costuma ter conflitos internos do tipo *não sei se faço ou se não faço.*

As pessoas dos quadrantes "I" e "S" costumam ser executoras, agradáveis, líderes. As pessoas que trabalham com os quadrantes "R" e "I" costumam ser realizadoras, pois são pessoas com visão de futuro que conseguem criar e executar projetos. São difíceis de relaciona-

Capítulo 4 - PERFIS INDIVIDUAIS

mento, pouco compreendidas porque quebram padrões. Einstein era uma delas.

Quem é do quadrante "R" tende a ser mais frio nos relacionamentos e tem facilidade para se exaltar. Direto e franco, cria uma imagem de orgulhoso e grosso. Perfeccionista, tem medo de errar e arrisca-se pouco. Como se cobra muito, pode facilmente entrar em depressão.

Quando o quadrante "C" predomina, a pessoa é mais calculista, coloca o trabalho em primeiro lugar. Se o quadrante for mais "S", a pessoa tende a ser alegre, mas fleumática, emotiva e sensível, agindo mais com a alma do que com o coração. É pacifista e conselheira, dificilmente se exalta.

Quem age com o quadrante "I" é agradável, cheio de ideias, político; dele se diz que é amigo da boca para fora, promete, promete, e não cumpre, não por falta de vontade, mas por acúmulo de tarefas.

Capítulo 5

PROGRAMAS MENTAIS

*O homem só tem o direito de olhar para outro
de cima para baixo quando for ajudá-lo a se levantar*
Gabriel Garcia Marquez

PROGRAMAÇÃO MENTAL

O papel do cérebro é processar, fazer programas. O cérebro seleciona, dentre as informações que chegam à mente de todas as fontes físicas, emocionais e espirituais, aquelas que lhe dizem respeito ou que, de alguma forma, vão ao encontro de seus desejos e necessidades, e coloca essas informações em ordem prática de utilização para que, quando for preciso, possam ser utilizadas.

A pessoa que não sabe andar de bicicleta sabe como fazê-lo. É capaz de colocar no papel tudo o que é preciso fazer para andar, porém não consegue subir e sair pedalando. Por quê? Porque tem as informações na mente, porém o cérebro ainda não fez o processamento, ou seja, não colocou a teoria em prática. À medida que a pessoa tenta, sobe e cai da bicicleta, o cérebro registra e estabelece parâmetros do que é certo e do que é errado, elimina os errados e coloca os certos em ordem lógica, isto é, faz um programa. A partir daí, não precisa pensar mais, o processo se torna automático. Resumindo: o cérebro desenvolveu um programa para andar de bicicleta.

Com sete meses de gestação, o bebê está fisicamente pronto para nascer, mas, nascendo com essa idade, precisará ficar na incubadeira até que se torne capaz de sobreviver sozinho. Em outras palavras, até que seu cérebro forme os sistemas respiratório, digestório e circulatório. O recém-nascido vem com o sistema de sobrevivência pronto, mas não com o sistema social. Utilizando a linguagem da informática: o sistema operacional vem com o equipamento, mas caberá ao usuário desenvolver outros programas.

DESENVOLVIMENTO DOS PROGRAMAS

Logo após o nascimento, os bilhões de neurônios entram em ação e começam a identificar luz, som, objetos e pessoas. Com o passar dos dias, o bebê aprende a identificar as diferenças e passa, por exemplo, a reconhecer a figura dos pais e a querer imitá-los. Com mais ou menos oito meses, ao ver que eles andam, quer andar também e engatinha. Vendo os pais em pé, segura nas cadeiras para imitá-los, e, quando se solta, cai. Os pais, querendo que aprenda a andar, conduzem-no pelas mãos. Com isso, o cérebro do bebê decora as coordenadas do *"isso pode, isso não pode"* e coloca o *"isso pode"* numa ordem sequencial. Vendo que o filho está quase sabendo andar, a mãe testa-o, colocando-o a alguns metros, desafiando-o: *"Vem filhinho, vem"*. O filho tenta e quase cai, e a mãe o ajuda. Depois de algumas tentativas, o nenê aceita o desafio, vem, e quando a mãe quer pegá-lo, ele se desvia e sorri para ela, querendo dizer: *"Agora não preciso mais de ajuda, já aprendi a andar, meus neurônios já fizeram a programação"*. Feito o programa de andar, daí para a frente o cérebro só vai aperfeiçoá-lo.

O mesmo acontece com o aprender a comer. Nas diversas tentativas de comer sozinho, o bebê faz uma bela sujeira, e aos poucos seu cérebro aprende as coordenadas de manuseio da colher, dos movimentos de altura, velocidade, de direção, e as coloca numa lógica sequencial. Pronto. O programa de comer está feito.

CARACTERÍSTICAS E DIFERENÇAS NEUROPSÍQUICAS

Andar de bicicleta, dirigir carros, pilotar aviões, tudo o que a pessoa faz com facilidade é resultado dos programas que seu cérebro desenvolveu. O fácil, o possível e o impossível são resultados da qualidade dos programas desenvolvidos. As características neuropsíquicas, o modo que a pessoa pensa, sente, fala e age dependem da qualidade de seus programas, ou seja, de seu sistema de vida.

A qualidade dos programas determina também a capacidade de cada pessoa. Ter capacidade é poder fazer com facilidade e bem feito, o que pressupõe um programa de qualidade. Para manter a capacidade, é preciso manter a qualidade do programa, o que supõe treino e muita força de vontade. Pelé não seria Pelé se não treinasse com afinco.

A pessoa não nasce com capacidades e sim com potencialidades para tudo, porém a capacidade é desenvolvida ao praticar a potencialidade, o que exige muito empenho e força de vontade. Veja os exemplos de pessoas sem braços que pintam ou que tocam violão com os pés, pessoas que dançam muito bem com uma perna mecânica, e assim por diante. Potencialidade, perfil e capacidade se complementam. Todos nascem com potencialidade. O perfil forma-se com informações advindas da educação em conjunto com a parte genética, que geram aptidões para certos desempenhos, e a capacidade é resultado de aplicação e treinamento para executar uma ação.

Podemos comparar o perfil como a estrutura física de uma casa, piso, paredes e telhado. A parte do acabamento, pintura e móveis corresponde aos programas mentais, que se formam pelo contexto em que a pessoa vive. Em outras palavras, pela educação familiar, escolar, religiosa e social. A capacidade corresponde à casa acabada, é o resultado dos programas desenvolvidos pelo cérebro.

As pessoas são diferentes porque são dotadas de inteligência, vontade, livre arbítrio e pensamentos diferentes. Imagine uma família de cinco filhos, cujos pais bebem, brigam, roubam e falam palavrões. Quatro filhos seguem o mesmo caminho. Um, porém, estuda e se forma médico. O que se forma médico usou sua inteligência, para perceber que aquelas informações recebidas dos pais não o levariam a lugar nenhum que valesse a pena. Portanto, preferiu utilizar informações de seu amigo e dos pais de seu amigo para fazer seus programas. Usou seu livre arbítrio, quebrou paradigmas, teve força de vontade e coragem de ser diferente.

O mesmo acontece com aquela família de sete filhos cujos pais são formados, dignos e trabalhadores, na qual seis filhos seguem o exemplo dos pais, mas um deles não estuda e se torna vagabundo. Por quê? Porque usou erradamente seu livre arbítrio, aplicou sua inteligência para coletar informações de colegas viciados, sua vontade e coragem foram direcionadas para alcançar valores diferentes daqueles ensinados por sua família.

Enquanto a pessoa estiver no uso de sua inteligência pode mudar sua vida, mesmo que tenha 60 anos. Não somente pode mudar os programas que já tem, como pode criar novos programas. Pela inteligência, saberá por que mudar; pelo livre arbítrio, vai decidir o que mudar; pelo pensamento, vai ter fé na mudança; pela vontade, terá força e coragem para efetuar a mudança. Fazendo sua parte, Deus fará a Dele.

Não há pessoas com programas iguais, mesmo os gêmeos, porque cada um tem sua própria inteligência e livre arbítrio. As informações que entram pelos sentidos podem ser iguais, mas ao chegarem ao cérebro serão processadas de maneira diferentes. Como são processadas de maneiras diferentes, serão também externadas de formas diferentes. Se uma pessoa cozinhar o mesmo arroz, com o mesmo tempero, no mesmo fogo, em panelas de barro, de alumínio e de ferro, o arroz sairá igual ou diferente? Sairá com gosto diferente, porque a forma em que foi processado é diferente. Assim também a informação que entra no cérebro pode ser a mesma, mas será processada de maneira diferente porque os programas cerebrais de cada pessoa são diferentes.

MAPA MENTAL

O sistema mental, ou seja, o conjunto de programas, é o que determina o formato da comunicação. Esse conjunto de programas é

Capítulo 5 - PROGRAMAS MENTAIS

denominado mapa mental. O mapa do Brasil é o Brasil? Não, porque o mapa do Brasil pode ser rasgado, não tem aves, rios, peixes e nem árvores. É apenas uma representação da realidade do Brasil. O mapa mental é também assim; é a forma com que cada pessoa representa a sua realidade.

Não existem duas pessoas com o mesmo mapa mental; portanto, não existem duas pessoas com representação igual da realidade. Todos terão pontos de vistas diferentes, opiniões diferentes. As opiniões podem ser parecidas, mas terão facetas diferentes. Os conflitos e as discussões têm suas origens no tipo do mapa mental, daí ser o maior absurdo dizer que alguém está errado ou que é ignorante. Dizer isso é querer que o outro pense, sinta e aja com o seu mapa mental, e não com o dele.

Ignorante é o que chama o outro de ignorante. Seria como jurar que tudo é vermelho quando o outro estiver com óculos azuis. O certo e errado, o verdadeiro e falso, são visões específicas de cada pessoa, todos estarão certos e errados dependendo de seus programas mentais. O princípio de um bom relacionamento está em entender que o outro tem mapa mental diferente, pensa, fala, sente e age de maneira diferente.

Para entender as diferenças e explicar porque uns tem mais sucesso, Richard Bandler e John Grinder fizeram um estudo minucioso e criaram a programação neurolinguística. Programação porque nosso comportamento é resultado dos programas mentais; neurolinguística porque a linguagem entre os neurônios determina nossa forma de comunicação falada, gestual e corporal. Em outras palavras, pelo modo de falar, de fazer gestos e pela expressão corporal é possível fazer uma leitura da maneira de ser e de sentir de uma pessoa normal.

Aprofundando suas pesquisas, descobriram que, apesar de serem diferentes, há semelhanças entre grupos de pessoas, e concluíram que é possível dividir as pessoas em três grupos com base nas semelhanças dos programas cerebrais denominados mapas ou formas mentais.

O primeiro grupo foi batizado de **visual**, porque sua forma (mapa) mental é formada, em sua maioria, por informações que entram pelos olhos, como imagens, cores, luzes e etc.

O segundo grupo de pessoas recebeu o nome de **auditivo**, porque sua forma (mapa) mental é construída de palavras, sons, músicas, etc.

O terceiro grupo foi chamado de **sinestésico**, porque sua forma (mapa) mental é construída por informações advindas do olfato, paladar, tato, etc.

Como as formas são diferentes, o processamento também é diferente, e o resultado, que são as manifestações externas, também é diferente.

Uma pessoa com um só tipo de mapa não conseguiria viver em sociedade, cometeria suicídio ou estaria no hospício, de mãos e pés amarrados. Todos trabalham com os três mapas. Se os três mapas são equilibrados, é fácil se relacionar com essa pessoa. Se, por exemplo, o visual é mais fraco, a pessoa terá dificuldade em se relacionar com os visuais. O mesmo vale para o auditivo e para o sinestésico naquele seu mapa mais fraco.

O contrário também acontece: é mais fácil se relacionar com as pessoas que têm o mesmo mapa mental mais forte: visual com visual, aditivo com auditivo, sinestésico com sinestésico. No relacionamento, o que interessa é identificar os gostos e valores de cada um, pelo mapa sobressalente, para melhor se identificar e criar empatia com cada um deles.

O **visual** valoriza *status*, aparência, beleza, organização, limpeza, planejamento, agilidade e determinação. Gosta de analisar, refletir, ponderar, de privacidade e de silêncio. É de pouca conversa, direto, franco, calculista, realista, honesto e fiel. Não se importa com a opinião dos outros. Não valoriza elogios. É narcisista, veste-se e se arruma para si mesmo. Nota: esses valores e gostos são mais ou menos fortes, dependendo da intensidade desse canal. Quando o canal é muito forte, o visual é confundido com alguém grosso e sem educação.

O **auditivo** prioriza a inteligência, a lógica, a prática, a técnica, os direitos e obrigações. Valoriza o trabalho de equipe. Aprecia uma boa conversa. É social e comunicativo e fácil de fazer amizades. É agradável e político, promete ajudar, assume compromissos com facilidade, que nem sempre consegue cumprir. Preocupa-se com a avaliação dos outros; veste-se para os outros; usa roupas de marca e da moda, para sentir-se valorizado. Tem um bom papo. É conquistador. Nota: esses

Capítulo 5 - **PROGRAMAS MENTAIS**

valores e gostos são mais ou menos acentuados dependendo da intensidade desse canal.

O **sinestésico** dá mais importância ao relacionamento, ao trabalho em grupo, às pessoas, ao bem-estar, ao prazer e ao conforto. Age mais pelo coração que pela razão. Coloca os outros em primeiro lugar. Não sabe falar "não". Gosta de reunir os amigos para comemorar qualquer evento. É prestativo, contador de casos. Não é vaidoso e não se preocupa com a opinião dos outros. Veste a roupa que acha confortável. Para ele, todo mundo é amigo até que se prove o contrário.

Reparando no físico, no modo de se vestir, nos gestos, na entonação verbal, nas palavras, no contexto em que vive ou trabalha, nas reações, no toque de mão e na demonstração de afeto pode-se perceber se uma pessoa é mais visual, auditiva ou sinestésica.

O **visual** é narcisista, preocupa-se com o físico, cuida-se, faz plástica, acha-se bonito. Veste roupas que acha bonitas, muitas vezes coloridas, mas nem sempre combinando. Dispensa palpites, compra e veste o que agrada seus olhos. Movimenta-se rápido. É apressado. Fala em tom alto e rápido. No telefone, fala só o essencial e, muitas vezes, desliga e deixa o outro falando sozinho. Utiliza-se de palavras visuais como: veja, olhe, perceba. Olha para cima e para a esquerda quando precisa pensar numa resposta, se for mentir olhará para cima e à direita. O contexto em que vive ou trabalha é muito organizado e limpo. Não é de trocar afetos, não fala que ama. Demonstra carinho dando presentes. Suas reações são baseadas no *status*, faz questão de ser respeitado; se recebe um trabalho que encomendou, sempre irá dar um toque, corrigir algo para poder dizer que, se ficou bom, foi porque participou; quando é procurado, estará sempre ocupado e receberá friamente. Não gosta de toques e de cumprimentos físicos, Se der a mão, a dará com o braço esticado ou com a mão mole como que dizendo "não gosto". Mantém-se numa distância física que permite ver a outra pessoa por inteiro; se a pessoa se aproximar, se sentirá invadido. Ao adentrar uma loja, não olha para as pessoas, vai direto para a seção que lhe interessa, e se o vendedor vem atrás, se irrita, porque não quer conversar, quer apenas olhar, quando decidir chamará o vendedor. Numa festa, tipo churrasco de fim de semana, na chácara, vai bem vestido e espera ser servido. Nota: esses sinais são de uma pessoa altamente visual.

O **auditivo** preocupa-se com o físico somente em função do que os outros podem achar, no trabalho, no namoro, etc. Como se veste para os outros, preocupa-se com a marca e com a moda. Quando compra roupas ou se arruma para uma festa, pede opinião para alguém. Seus gestos são estudados. Quando vai pensar numa resposta, olha para o lado esquerdo, e se for mentir olha para o lado direito. Fala em tom médio e pausado. Utiliza palavras auditivas como: ouça, fale baixo, escute com atenção etc. No contexto em que vive e trabalha, é mais ou menos organizado, se for preciso dá uma disfarçada para que os outros não percebam. Demonstra afeto falando que ama e demonstra carinho elogiando. Suas reações são baseadas na lógica. Se encomenda um trabalho escrito, analisa e elogia se estiver bom. Sabe ser simpático ao receber alguém, se for o caso disfarça sua contrariedade. Num cumprimento, dá a mão de maneira natural, permite mais aproximação porque o importante para ele é ouvir. Ao entrar numa loja, olha diretamente para as pessoas, procurando quem poderá atendê-lo. Numa festa de fim de semana, tipo churrasco, vai de short, meia e tênis usados e conversa com todos, procurando ser agradável. Faz seu marketing. Nota: esses sinais são de uma pessoa altamente auditiva.

O **sinestésico** não se preocupa com o corpo, não é nada vaidoso. Curte o prazer da boa comida, não se importa com a barriga, não tem complexos, sabe viver. Gosta de roupas confortáveis. Apega-se a alguns tipos de roupas que usa muitas vezes. Seus gestos e fala são mais demorados. Olha para baixo, à esquerda, quando vai pensar numa resposta, e, se for inventar, mudará o olhar para baixo, à direita. Utiliza-se de palavras sinestésicas como: sinta, experimente, saboreie, etc. No contexto em que vive e trabalha é desorganizado e desleixado. Demonstra afeto abraçando, beijando. Suas reações são baseadas na pessoa, em primeiro lugar. Quando recebe um trabalho escrito que encomendou, antes de ver o trabalho, conversa sobre mil coisas para depois falar do trabalho. Ao cumprimentar, abraça e aperta a mão com euforia. Ao entrar numa loja, dirige-se a uma pessoa específica, que achou mais simpática. Num churrasco de fim de semana, fica à vontade, calça chinelos de dedos, não usa camisa e procura servir a todos. Nota: esses sinais são de uma pessoa bastante sinestésica.

Convém relembrar que as pessoas trabalham com base nos três mapas mentais, sendo que haverá um dominante e outro mais fraco. O ideal

Capítulo 5 - **PROGRAMAS MENTAIS**

é que haja equilíbrio entre os três. Segundo Grinder e Bandler, há duas maneiras de criar empatia e cativar a outra pessoa: fazendo sintonia mental ou fazendo espelhamento.

Por sintonia mental entende-se conectar seu canal mental com o canal mental do outro, ou seja, ser visual com o visual, ser auditivo com auditivo, e ser sinestésico com o sinestésico. Imagine uma secretária que tem três chefes, cada um com mapa mental diferente. Para agradar aos três, precisa ter uma boa percepção e adequar-se ao modo de agir de cada um, evitando agradar um, desagradando dois. A experiência demonstra que o vendedor sintonizado com o cliente tem maior probabilidade de sucesso.

Por espelhamento entende-se colocar para funcionar, ao mesmo tempo em que a outra pessoa, os sistemas respiratório, gestual, corporal e fonético. Funciona assim: percebe-se o momento em que a pessoa inspira e inspira-se também. Repete-se o mesmo movimento (gestos) da pessoa. Utiliza-se a mesma posição corporal. Fala-se no mesmo tom e velocidade da outra pessoa. Pelo fato de os sistemas estarem sincronizados, cria-se uma afinidade.

Para que o espelhamento não produza efeito contrário à empatia, é necessário observar os passos a seguir:

- O espelhado não pode perceber que está sendo imitado.
- O espelhamento deve ser sutil.
- Não se deve fazer todos os gestos.
- Deve-se espelhar apenas um ou dois gestos, principalmente quando ainda não se tem experiência.
- De preferência, espelhar o gesto mais forte, aquele que é mais repetido e comum.
- Não fazer ao mesmo tempo, quando ainda não se tem muita prática.

Seja "São Tomé", faça o teste. Eu também não acreditava e fiz os testes. Hoje, tenho certeza porque pratico sempre.

CASOS REAIS

Vendo televisão

Estava na casa de minha irmã, conversando na cozinha. Meu sobrinho estava na sala assistindo à televisão. O som da televisão estava muito alto. Minha irmã pediu para ele, várias vezes: *"Filho, abaixe o som da TV, está muito alto"*. Depois da terceira vez disse: *"Está vendo? Antigamente os pais falavam uma vez e os filhos obedeciam, hoje só obedecem apanhando. Vou dar-lhe uns tapas para ele aprender"*.

Olhei a sala. Meu sobrinho estava vendo desenho animado, nem piscava. O visual não pisca para não perder a imagem. Meu sobrinho estava no canal visual e minha irmã estava falando do canal auditivo. Nunca iria ouvi-la. Aí eu disse: *"Mana, fale assim: filho, veja o som da televisão, está alto"*. *"Não adianta"*, ela disse. *"Adianta sim"*, reafirmei. Concordou e falou: *"Filho, veja a TV, o som..." "O que, mãe?" "Abaixe o som, filho." "Oi, mãe desculpe."* Foi lá e abaixou o som.

Quando falou *"veja a TV"*, ela sintonizou o canal do filho.

Percebendo o outro

Um amigo meu era muito rico e casou com uma mulher mais rica ainda. Brigavam muito. Ele reclamava que ela não o acompanhava nas festas. Ela não gostava de ir às festas e preferia ficar cuidando da casa. Era rica, mas não tinha empregada porque achava que nenhuma empregada era eficiente. No dia de aniversário de casamento, separaram-se.

Foi assim: ele levantou cedo e foi trabalhar. Ela ficou arrumando a casa. Como era aniversário de casamento, fez uma linda mesa com vários tipos de comida, um belo bolo para quando ele chegasse. Foi ao salão de cabeleireiro, fez cabelo, unha, arrumou-se toda para ele. Chegou em casa e esperou o marido chegar. Ele chegou, deu um beijinho nela, perguntou se estava tudo bem e foi para a sala.

Na sala, começou a refletir: *"Meu casamento não dá mais certo, minha esposa não me ama mais, cheguei e fico aqui na sala, sozinho, e ela* na cozinha fazendo não sei o quê; ela não liga mais para mim. Quando casei, ela me amava. Logo que eu chegava, ela vinha com uma cerveja gelada, dois copos, azeitonas e queijo picado, sentava-se ao meu lado e nós dois ficávamos até tarde conversando. Ela realmente me amava, agora acabou, não me ama mais; melhor nos separarmos".

Enquanto isso, ela estava na cozinha, triste, chorando e se lamentando: *"Ele não me ama mais, não significo mais nada para ele, passou direto, foi para a sala, nem reparou no meu cabelo, na roupa que estou vestindo. Deve ser aquela maldita loira que trabalha com ele...".*

Conclusão: os dois estavam errados porque faltou percepção a ambos. Ela não percebeu que ele era sinestésico e quis demonstrar amor como se ele fosse visual. Para ele, o cabelo, a roupa, não eram tão importantes; o mais importante era ela ao lado dele. Ele também não percebeu que ela era visual e quis demonstrar amor como se ela fosse sinestésica. Se ela tivesse percebido que ele era sinestésico, bastava uma garrafa de cerveja e um pouco de azeitonas para fazê-lo o marido mais feliz do mundo: *"Meu amor, coloquei essa garrafa de cerveja no congelador para que quando você chegasse nós dois tomássemos juntos".* Ele, por sua vez, se tivesse percebido que ela era visual, bastariam três palavras para fazê-la a esposa mais feliz do mundo: *"Oi amor! Como você está linda! Seu cabelo está muito bonito. Essa blusa ficou ótima em você".*

Se tivesse havido essa percepção, não teriam se separado.

FLORES E PRESENTES

Meu gerente de marketing era um jovem bem apessoado, muito capacitado. Chegou à empresa e ligou para a floricultura: *"Meu amigo, façame o mais lindo buquê de flores que conseguir. Entregue lá em casa às 15 horas em ponto. Anote o endereço. Isso, não esqueça. Coloque um cartão com os dizeres: 'para a esposa mais linda do mundo'".*

"Faltam dez minutos para as três horas, daqui a pouco ela vai receber." *"São três horas, deve estar recebendo."* Às 15h15, tocou o telefone, e não era ela. Começou a ficar angustiado. Pegou o telefone, discou e desligou, outra vez e mais outra. Lá pelas 16 horas, não aguentou. Pegou o telefone e discou: *"Meu amigo, você prometeu entregar... entregou? Às 15 horas? Loira? Assinou embaixo? Maria An-*

gélica? Está bem, obrigado". Desligou o telefone e ficou arrasado. Eu lhe disse: *"Raul vá embora".*

Ele não se fez de rogado. Pegou o paletó, bateu a porta e saiu. Eu pensei: *"Nossa, o Raul está péssimo, ele nunca age assim. Tem todo um ritual para sair, arruma as gavetas, a sala, fica uns 15 minutos no banheiro, agora saiu deixando tudo desarrumado...".*

No dia seguinte, outra surpresa. Quando cheguei ao escritório, lá estava o Raul. Nunca chegava antes de mim, e havia chegado. *"Bom dia, Raul"* *"Bom dia só se for para você".* Aí eu pensei que era melhor não mexer com o homem. Estava nervoso. Fui para a minha mesa, mas fiquei incomodado, precisava fazer alguma coisa para o amigo: *"Raul, vou comprar cigarro lá embaixo, vamos comigo?"* *"Não, vá você."* *"Não, você vai comigo. Está com um sapo na garganta; assim não dá, ou engole o sapo ou o cospe fora, vem comigo."* Literalmente, arrastei-o. *"Desembucha. O que está acontecendo?"*

Aí ele se soltou: *"Estou arrasado. Pensei que a Angélica me amasse. Ontem deixei-a dormindo. Como era aniversário de nosso casamento, mandei flores para ela. Como não me ligou, pensei: flores não querem dizer amor porque o chefe dá flores para a secretária, o amigo manda flores para a amiga; aí resolvi passar no shopping e comprar um presente que revelasse a grandeza de meu amor. Comprei um anel de brilhante. Que mulher não gostaria de receber um presente desse? A Angélica vai ficar muito feliz, pensei. Cheguei em casa, lá estavam as flores. 'Oi amor, recebeu as flores?' 'Recebi amor, são lindas.' 'Trouxe outro presente para você.' 'Amor, não precisava, você já me deu as flores.' 'Abra.' Quando ela abriu e viu que era um anel de brilhante, sabe o que ela me falou? 'Raul, você enlouqueceu? Onde já se viu gastar tanto dinheiro assim?!. Estamos economizando com sacrifício para arrumar o telhado e tirar as goteiras e você gasta uma fortuna num presente assim?' Isso me arrasou. Não falei nada. Fui para meu quarto. Não dormi. Aqui estou. Meu casamento acabou."*

Hoje continuam casados. Têm dois lindos filhos e são muito felizes. O que aconteceu? Raul não percebeu que a Angélica era auditiva e a Angélica não percebeu que o Raul era visual. Se Angélica tivesse percebido que o marido era visual, teria ligado logo para ele para agradecer as flores, porque o visual é ansioso e não gosta de esperar. Com isso teria evitado toda essa situação. Se o Raul tivesse percebido que a Angélica era auditiva, teria ligado para ela em vez de ligar para a floricultura e teria dito: *"Gélica, você é a esposa mais maravilhosa do mundo, sou o marido mais feliz, fique pronta que vou sair mais cedo para comemorar com você naquele restaurante que sempre quisemos ir".* Assim teria gasto muito menos.

A camisa

Minha sobrinha veio passar as férias comigo. Na sexta-feira, ficou horas no banheiro se arrumando, e depois saiu toda faceira. Era muito vaidosa. *"Tio, vou ao cinema com o Alfredo, não sei a que horas volto".* Quinze minutos depois, estava de volta, furiosa. *"Cíntia, o que aconteceu?" "É o cachorro do Alfredo, tio. Acabou. Ele pensa que sou o quê? Sou sua sobrinha, tio, não uma moça qualquer." "Mas o que aconteceu?" "Veja, tio, se tenho razão ou não em terminar com ele: na semana passada, dei uma camisa para ele. Ele pegou a camisa e disse: 'Mais uma, Cíntia? Você já me deu três' 'Mas, é que achei essa parecida com você.' Até aí tudo bem. Ele pegou a camisa, pôs no banco de trás do carro e fomos ao cinema. Agora, tio, quando entrei no carro e olhei para o banco traseiro, o que vejo? A camisa do jeitinho que dei. Nem desembrulhar o sem vergonha desembrulhou. Se fosse outra que tivesse dado, ele teria usado, mas como fui eu, ele nem abrir o pacote abriu. Se me amasse, teria colocado para eu ver. Acabou, tio. Não quero mais saber dele."*

Conclusão: Cíntia é visual e Alfredo é sinestésico. O sinestésico não está nem aí para presente, quer é a atenção e o carinho da pessoa amada.

O telefonema

O presidente de uma associação na qual prestava serviço pediu-me que ligasse para um tal de doutor Renato e o convidasse a ser jurado de um concurso denominado Top de Marketing. *"Cortez, já o convidei três vezes e nas três vezes ele disse que não. Ligue para ele e veja se o convence." "Mas se você que é presidente e amigo dele não o convenceu, acha que eu, que não sou presidente e nem o conheço, posso convencê-lo, e ainda por telefone?" "Cortez, você tem facilidade para essas coisas, me faça esse favor".*

Liguei. Alguém do outro lado atendeu num tom alto e rápido: *"Pois não, Renato falando".* Eu também, num tom alto e rápido, disse: *"Doutor Renato, é o Cortez da ABVD". "Se for sobre o Top de Marketing, já deixei claro que não vou".* E eu ainda falando rápido: *"Doutor, é muito importante que venha. Pense bem, amanhã, às dez horas, ligarei de volta para o senhor".* Ele desligou o telefone na minha cara. Porém, como eu tinha sintonizado o mapa mental dele, falando alto e rápido como um visual, tive certeza de que ele tinha processado. O fato de ter desligado o telefone na minha cara reforçou que era visual.

No dia seguinte, às dez horas, liguei. Ele atendeu: *"Pois não, Renato falando".* Eu, no mesmo tom: *"Doutor Renato, pensou? Vem ou não vem?"* E ele: *"Ok, fala que eu vou".* E veio.

O presidente era sinestésico, e como o doutor Renato era visual, não se entendiam porque falavam em sintonias diferentes.

Noivado

Fui ministrar um curso de Marketing Pessoal em São José do Rio Preto. Um dos alunos, de mapa mental visual, bem vestido, sentado ereto, assistiu ao curso com muita atenção (o visual quase não pisca para não perder a imagem). No final do curso, pensei que ele não tinha gostado muito, porque não fez perguntas e pouco participou; mas vi a avaliação e sua avaliação foi *excelente.* Fiquei feliz porque era sinal de que aproveitou.

Oito meses depois, fui dar o mesmo curso, no mesmo local. Quem estava assistindo? O mesmo rapaz, sentado no mesmo lugar, prestando a mesma atenção. Achei estranho. Mais admirado fiquei quando ele pediu a palavra, levantou-se e disse: *"No ano passado, fiz esse curso com o professor Cortez. Vim fazer porque tinha brigado com minha noiva. Nós brigávamos constantemente. A última briga foi séria e nos separamos definitivamente. Para preencher o tempo, resolvi fazer o curso. Aí descobri que sou visual e que a Rê, minha noiva, é sinestésica. Saí do curso e fui correndo para a casa dela. Eu disse: 'Rê, nós precisamos voltar'. Ela não queria, Então expliquei-lhe que eu sou visual e ela sinestésica, por isso brigávamos tanto, mas que agora nós não iríamos brigar mais porque sabia que o jeito dela de amar era diferente do meu jeito. Entramos em acordo e nunca mais brigamos. Vamos nos casar no mês que vem e trouxe o convite para o professor."*

COMPATIBILIDADE SEXUAL

Em uma pesquisa da revista *Veja,* na edição 1803, há um dado que diz que 26% das mulheres não têm orgasmo, e que outros 23% não sentem prazer no ato sexual. Isso tem a ver, em grande parte, com a questão da percepção do mapa mental do parceiro. Basta imaginar um homem altamente visual fazendo sexo com uma parceira altamente sinestésica. Ele casou com ela porque é bonita e atraente. Só de vê-la, sente-se excitado. Como é apressado e direto, não se coloca no lugar da companheira, nem muito menos percebe o tempo dela. Penetra-a sem que a vagina esteja lubrificada e sem que o clitóris esteja excitado. A mulher, como é muito sinestésica, não fala nada para não desagradar o marido. Sofre calada. O esposo, sem saber, continua agindo da mesma forma, e ambos já são avós e ela nunca sentiu orgasmo. Com o homem, acontece a mesma coisa.

Quando a mulher é muito visual e o esposo é muito sinestésico, ela terá casado com ele porque é bonito, só de vê-lo sente-se excitada e, apressada como toda visual, muitas vezes não prepara o companheiro e não dá tempo para que seu órgão fique ereto, e com isso a relação fica incompleta. Ela fica frustrada, achando que o marido não se sentiu atraído por seu corpo, ou que ela não foi bastante ativa. Ele se sente fracassado porque não conseguiu fazer a sua amada gozar. Ambos, querendo fazer o parceiro gozar, preparam-se para a próxima noite. Ela procura ser mais ativa, ele fica preocupado com seu desempenho, e há novo fracasso porque ela, mais uma vez, foi muito apressada e não se preocupou com o tempo dele, que é mais moroso e precisa ser tocado, receber carinho e afeto para se excitar.

Na terceira, quarta vez, entra o fator psicológico, e a tendência é piorar cada vez mais o relacionamento. Os dois ficam frustrados e isso pode levar ao fim uma união que tinha tudo para dar certo, porque se gostam.

O sexo é mais prazeroso quando os dois gozam e isso acontece quando ambos respeitam o tempo do outro.

O segredo de um casamento estável é casar com parceiro do mesmo mapa mental? Não. O segredo de um casamento estável é o diálogo aberto. É expor o que está sentindo. Com isso, um vai aprendendo a entender e a respeitar o tempo do outro e os dois crescem juntos. O casamento entre duas pessoas de mapas mentais iguais tende a ficar monótono com o passar do tempo, e podem se separar como grandes amigos. O melhor casamento é entre parceiros diferentes, porque, havendo diálogos, um aprende com o outro e crescem como parceiros.

Na hora do sexo, é preciso entender e respeitar o modo de ser do outro. O sinestésico gosta de fazer amor com a luz apagada, apenas sentindo. O visual gosta de ver o corpo do outro, portanto com, pelo menos, um pouco de luz. Ambos precisam entrar em acordo. O auditivo, por sua vez, gosta de fazer amor falando no ouvido do parceiro como ele é maravilhoso. Na mesma noite, a mulher pode ter orgasmos múltiplos, sequenciais ou não. O homem, quando jovem, pode ter dois ou três, mas não sequenciais. Para que isso aconteça, é preciso que falem abertamente para que um conheça o ponto do prazer do outro.

Quadro na parede

Nos primeiros meses de casado, meu casamento, por pouco, não acabou. Eu, mais sinestésico, ao deitar, ajeitava o travesseiro, puxava as cobertas, virava de lado e me punha a ouvir minha esposa. Ela, mais auditiva, achava que, como marido, eu tinha direito de saber tudo o que acontecera com ela no trabalho. Toda noite, era o mesmo problema: ela falava e eu cochilava. Nervosa, ela dizia: *"Você não me ouve, não dá importância para o que falo, não me ama, etc.".*

Querendo salvar meu casamento, para não cochilar, eu tomava café amargo, lavava o rosto com água gelada, mas não adiantava: eu cochilava e ela ficava zangada. Comecei a segurar minhas pálpebras para não cochilar. No começo, maravilha, corria tudo bem. Mas, um belo dia, ela ficou muito nervosa e disse que não queria mais, que era melhor separar porque eu não a amava. Perguntei o que tinha acontecido e ela

Capítulo 5 - **PROGRAMAS MENTAIS**

não quis dizer. Não dormi à noite e ela também não. No dia seguinte, perguntei, e ela não quis falar comigo. Passaram-se dias e nada de querer falar comigo.

Graças a Deus, minha sobrinha fez aniversário. Ela morava conosco. Na festa, todo mundo alegre e feliz, voltamos a nos conversar. *"Amor, me diga o que aconteceu naquela noite para que você ficasse tão nervosa comigo?"* E ela: *"Também pudera, eu estava falando uma coisa muito importante e você falou 'quadro na parede'. Isso não tinha nada a ver com o que eu estava falando, você dormiu, foi o maior desrespeito, a maior demonstração de falta de amor"*.

O diálogo é realmente importante. Até hoje cuido para não virar de lado e fico de costas prestando atenção até que ela diga: *"Agora vamos dormir"*. Isso fez com que eu salvasse meu casamento. Minha esposa é uma companheira encantadora e uma mãe maravilhosa. Graças a ela sou muito feliz. Concluindo, precisamos estar atentos às emoções dos outros e deixar que nosso adulto gerencie as nossas.

Capítulo 6

EMOÇÕES

*Grandes mentes discutem ideias, mentes médias discutem fatos
e mentes pequenas discutem pessoas.*
Arthur Shopenhauer

OS SISTEMAS BÁSICOS

Ainda no ventre materno, são formados os sistemas básicos de sobrevivência, respiratório, digestório e circulatório, sem os quais o bebê não conseguirá sobreviver fora do útero. Explicam os especialistas que o cérebro se compõe de três sistemas: reptiliano, límbico e racional (neocórtex), cada um com suas funções.

O sistema reptiliano, localizado no final da medula espinhal, é assim denominado porque os répteis só têm esse sistema, cuja função é zelar pela sobrevivência e procriação da espécie. O sistema límbico, que envolve o sistema reptiliano, é assim denominado porque está localizado entre os sistemas reptiliano e racional, e tem por função gerenciar as emoções e os sentimentos. Os animais mais evoluídos, além do sistema reptiliano, têm também o sistema límbico. Os cachorros, por exemplo, têm esse sistema num grau tão evoluído que, para seus donos, só faltam falar.

O sistema racional (neocórtex), localizado entre a caixa craniana e o sistema límbico, tem por função gerenciar as atitudes humanas, e, para tal, é dotado de inteligência, vontade e livre arbítrio. Somente o ser humano o possui. É responsabilidade do sistema racional administrar os sistemas límbico e reptiliano. Quando isso não acontece, surgem os problemas de ordem física, emocional, mental e espiritual.

O ser humano adulto possui os três sistemas e deveria, em princípio, utilizar o sistema racional e com ele gerenciar os outros sistemas, pois para isso foi dotado de inteligência. Digo em princípio porque, infelizmente, não é isso o que acontece sempre. Na maior parte do tempo, a pessoa não usa a inteligência e permanece no sistema límbico. Por isso, fica em tagarelice e canção psicológica.

TAGARELICE
E CANÇÃO PSICOLÓGICA

Você pratica a tagarelice quando fica conversando mentalmente consigo mesmo, assim: *"Dá próxima vez ele me paga, isso não vai ficar assim...".* A tagarelice acontece quando você está no sistema límbico. Muitas vezes, vai se deitar e demora a dormir porque fica em estado de tagarelice. Há mil motivos para isso. Basta o namorado brigar ou o amigo falar alguma coisa depreciativa, ou o chefe chamar sua atenção, para seu cérebro sair do sistema racional e passar a operar com o sistema límbico. Repare qual a porcentagem de sua vida você deixa de viver feliz porque está no emocional, que é característico desse sistema.

Sabe aquela pessoa que conta mil vezes a mesma doença ou o mesmo caso? Não é só com você. É com todas as pessoas. É aquela que, quando aparece, você faz de conta que não viu e passa para a outra calçada ou fecha a porta para ela pensar que não há ninguém em casa. Pois é, isso é canção psicológica. O "cantor" não percebe que é inconveniente. O "cantor" não quer conselho, quer apenas que você o ouça. É alguém que se faz de vítima e quer alguém que lhe dê colo. Não quer que o problema dele seja resolvido para não perder a cômoda situação de sofredor.

Com essa pessoa é preciso ser realista. Não se faça de psicólogo, não dê conselho, não oriente, porque é isso que alimenta a doença da pessoa. O psicólogo cobra para ouvi-la; se você fizer de graça, vai ter um paciente para o resto da vida. Então, jogue para ela o papel de psicóloga. Pergunte apenas: *"O que você está fazendo para resolver seu problema?".* Deixe a pessoa pensar, porque ela não quer pensar, quer apenas falar.

Se você entrar na emoção dela, passa a ser um doente tentando ajudar outro doente. Com pessoas assim deve-se agir como adulto. Não que a emoção não seja importante. É importante, mas pode não ser eficaz. Somente será eficaz se for gerenciada pela razão. Quando a emoção sai do controle da razão, é problema na certa, pois o descontrole das emoções é a maior causa dos contratempos pessoais.

As cadeias, os hospitais psiquiátricos, os consultórios médicos estão repletos de pessoas equilibradas que, por um momento de descontrole das emoções, puseram sua felicidade a perder. Uma briga de trânsito, por descontrole das emoções, pode colocar um excelente pai de família na cadeia por assassinato.

TIPOS DE EMOÇÕES

Segundo o psiquiatra Erick Berne, criador da análise transacional, são cinco os tipos de emoções que explicam os diversos tipos de reações humanas:

- **Pai crítico (PC):** nervoso, dono da verdade, agressivo, crítico, centralizador.
- **Pai natural ou protetor (PN ou PP):** apaziguador, protetor, compreensivo.
- **Criança passiva (CP):** insegura, medrosa, tímida.
- **Criança rebelde (CR):** crítica, irônica, insatisfeita.
- **Criança livre (CL):** alegre, brincalhona, sorridente.

A mesma pessoa pode agir ora com um, ora com outro tipo de emoção, dependendo do momento e do ambiente. Porém, há sempre uma emoção que se destaca, e é com essa emoção com que se precisa tomar cuidado para não se tornar inconveniente no seu relacionamento.

Por exemplo: normalmente, a pessoa nervosa está no pai crítico (PC). O pai crítico (PC) entra na sala como se fosse o dono, com cabeça erguida, braços cruzados ou nas costas. O pai natural (PN) entra olhando e cumprimentando as pessoas, sorridente, com as mãos segurando uma na outra, como a dizer "se precisar, conte comigo". A criança passiva (CP) entra de olhar baixo, prendendo uma das mãos, olhando para baixo e procura sentar num lugar mais escondido. Se precisar perguntar, ficará com o dedo levantado esperando permissão de algum pai. A criança rebelde (CR), entra olhando o relógio e resmungando, senta de lado e cruza as pernas ora para um lado ora para outro lado, sempre resmungando. A criança livre (CL) pede para uma colega ou um colega sentar perto, e as duas ou os dois ficam falando em tom baixo, rindo o tempo todo.

Outro exempo: normalmente, o filho, quando chega à idade de 15 anos, quer que o vejam como homem, e começa a reivindicar seus direitos. Com a filha, acontece também, mas em menor proporção. Nessa idade, começam os grandes conflitos. Se o pai assume a posição de pai crítico (PC), o filho passa a assumir a posição de criança rebelde (CR). Se o pai pede que retorne às 10 horas da noite, ele chega às 11 horas. Vendo o pai profundamente irritado, percebe que está começando a ter o controle da situação. Nesse momento, recebe o apoio e a torcida dos amigos: *"Meu pai falou que se eu retornar após a meia-noite, vai fechar a porta e me deixar dormir na rua. Quero ver se o velho tem coragem de fazer isso. Vou chegar às 2 horas da manhã"*. No outro dia, os colegas estão curiosos: *"E aí, como foi? Seu pai fechou a porta?"* Ele começa a se sentir importante entre os colegas. Estufa o peito e narra sua aventura: *"Cheguei em casa, a porta estava trancada. Dei a volta. Meu pai devia estar no quarto, minha mãe provavelmente devia estar na sala me esperando. Fui até a janela da sala e assobiei. Não demorou, minha mãe abriu a janela, jogou a chave e me fez sinal para entrar devagarzinho. Subi as escadas, pé ante pé. Mal cheguei na sala, meu pai saiu furioso do quarto e se pôs a gritar com minha mãe. Ela me defendia. Fiquei assistindo à cena e me achei super importante vendo os dois se enfrentando por minha causa"*.

A pior coisa que pode acontecer na educação de um filho é o jogo. Vendo um dos pais na posição de pai crítico (PC) e o outro na posição de pai protetor ou natural (PN), o filho sai da posição de vítima e entra na posição de herói. A partir daí fará de tudo para que o jogo não termine. Sempre achará um meio de irritar mais o pai crítico, que tanto pode ser a mãe quanto o pai físico, para ter a proteção do pai protetor, que também poderá ser a mãe ou o pai físico. A tendência do filho é cada vez achar mais motivos para irritar mais seu pai crítico, chegando, às vezes, ao ponto de usar drogas e de se unir aos drogados, no começo para irritar o pai, e depois por necessidade. Esse jogo somente termina quando os pais deixarem de discutir na frente do filho. Com o passar do tempo, o jogo

Capítulo 6 - EMOÇÕES

99

fica sem controle, e só termina com tratamento ou quando um dos três jogadores morrer.

Ter um filho perfeito é o maior dos absurdos. Criar um filho para ser perfeito é criá-lo para ser infeliz, porque viverá sempre com medo do fracasso. No esforço para não errar, deixará de realizar muitas tarefas. Enquanto estuda e planeja a tarefa em busca da excelência, outros fazem, erram, aprendem e fazem bem-feito, enquanto ele ainda estará no planejamento. Em busca da excelência, procrastina e acha desculpas para adiar tarefas difíceis. Como dedica muito tempo para realizar uma tarefa, produz pouco, o que o leva, muitas vezes, a se sentir inferiorizado. Como sempre busca a perfeição, cobra dos outros a mesma perfeição, e se torna uma pessoa pouco tolerante e de poucos amigos. Com o tempo, pode adquirir baixa autoestima e se tornar um candidato à depressão. Não queira que seu filho seja perfeccionista. Permita que ele aprenda errando.

Ser perfeito não agir sem emoção. A pessoa tem emoção, mas tem receio de deixá-la transparecer, pois foi educada para não errar e não ser criticada. Então, cobra-se demasiadamente, age o tempo todo com a razão, policiando as emoções para que não apareçam. Não sabe que a manifestação das emoções, quando gerenciadas pelo adulto, é que embelezam a vida.

Há as cinco emoções, mas sempre há uma emoção dominante em cada reação. Em questão de minutos, uma pessoa pode trocar de estado emocional, mas sempre tem um estado de emoção que predomina. Para saber qual emoção predomina, pode-se fazer o teste das emoções, descrito nas páginas a seguir.

AS REAÇÕES DE CADA TIPO DE EMOÇÃO

Neste exemplo, o marido de Rita grita com ela. Rita pode estar numa das cinco emoções (PC, PN, CP, CR, CL), e, em cada uma delas, teria uma reação diferente. Veja a seguir as diferentes reações.

O marido do tipo pai crítico chega em casa nervoso com a companheira:

"Rita, você comprou isso? Já lhe disse mil vezes para economizar! Pensa que dinheiro dá em árvore?! Não dá. Custa o suor do meu rosto. Trabalho duro para ganhar e você fica comprando essas coisas desnecessárias!"

Rita como PC

Reação de Rita: *"Você só pensa em você! Para gastar dinheiro com os amigos no bar, tomando cerveja, tudo bem, mas para comprar coisas para a casa não pode..."*

Resultado: Um dos dois vai dormir no sofá.

Rita como PN

Reação de Rita: *"Calma, meu amor. Não fique nervoso. Isso faz mal para a saúde. Tome um pouco de água com açúcar."*

Resultado: Não vai dar certo. Ele ficará mais nervoso ainda: *"Eu não estou nervoso, tome água com açúcar você"*.

Rita como CP

Reação de Rita: (Chorosa) *"Meu amor, não grite assim comigo. Eu prometo não fazer de novo..."*

Resultado: Não vai dar certo. Ele vai aproveitar e descarregar sua raiva mais ainda.

RITA COMO CR

Reação de Rita: (Irônica) *"Nossa, amor, como você está machão!! Tomou viagra, meu bem?!"*

Resultado: Não vai dar certo. Ele vai aproveitar e descarregar sua raiva ainda mais.

RITA COMO CL

Reação de Rita: (rindo) *"Jura, meu amor?! Eu fiz mal, mil perdões. Prometo não gastar mais nem um centavo seu."*

Resultado: Não vai dar certo. Ele ficará mais nervoso ainda.

RITA COMO ADULTO (A)

Reagir diretamente pela emoção nunca dá certo. É preciso reagir como adulto e tirar a outra pessoa do estado de emoção, trazendo-a para o estado de adulto.

Reação de Rita: (serena) No estado de adulto, Rita vai tirar Júlio do estado de emoção e trazê-lo para o estado de adulto.

Resultado: Dará certo.

Para fazer isso, basta seguir o que os antigos ensinavam: quando alguém estiver com os ânimos alterados, nervoso, não responda imediatamente. Primeiro, respire fundo e conte até dez. Com isso você bloqueia suas emoções e chama seu adulto. Para isso, deve-se seguir os seguintes passos:

1º) **Ouça atentamente.** Não interrompa, deixa-o falar do problema. Incentive-o para que fale mais, até que realmente fale tudo. Você percebe que ele começa a pensar para continuar falando e, com isso, já terá se acalmado um pouquinho.
2º) **Repita o que ele falou.** Ele precisa ter certeza de que você o entendeu. Com isso, ele vai se acalmar mais.
3º) **Verifique se entendeu.** "Foi isso mesmo o que você quis dizer?" Ele vai dizer que sim ou que não. Se a resposta for "não", volte para o primeiro passo. Agindo assim, ele vai se acalmar ainda mais.
4º) **Diga:** *"Concordo ou entendo você".* Dizendo isso, ele vai sair do estado de emoção e vai entrar no estado de adulto. Aí sim, você poderá argumentar com ele.

Não custa tentar. Eu sempre ajo assim e funciona.

Capítulo 6 - EMOÇÕES

TESTE DAS EMOÇÕES

Coloque no quadrado em branco o número correspondente à resposta:

Sempre = 3
Frequentemente = 2
Raramente = 1
Nunca = 0

	PC	PN	A	CP	CR	CL
1. Sou bastante severo	☐					
2. Sou alegre e brincalhão						☐
3. Ressalto as qualidades alheias		☐				
4. Sou bastante crítico					☐	
5. Não gosto de ser centro das atenções				☐		
6. Sou ponderado nas decisões					☐	
7. Gosto de contar piadas						☐
8. Sou irônico			☐			
9. Imponho o que acho certo	☐					
10. Preocupo-me com os outros		☐				
11. Levo a vida numa boa						☐
12. Planejo minhas ações				☐		
13. Falo o que penso	☐					
14. Esforço-me para agradar					☐	
15. Ironizo quando não concordo			☐			
16. Procuro não magoar ninguém		☐				
17. Sou ponderado nas minhas atitudes				☐		
18. Sinto-me bem em qualquer ambiente						☐
19. Irrito-me com facilidade		☐				
20. Gosto de resolver problemas dos outros		☐				
21. Tenho dificuldade de me entrosar com o grupo					☐	
22. Faço gracejos com falhas dos outros			☐			
23. Exijo respeito dos outros	☐					
24. Gosto de me divertir						☐
25. Ouço atentamente antes de opinar				☐		
26. Relaciono-me melhor com pessoas mais simples		☐				

	PC	PN	A	CP	CR	CL
27. Sou agressivo quando contrariado						
28. Levo na brincadeira quando não concordo						
29. Sou tímido para me expressar						
30. Sou tranquilo e sereno						
31. Minimizo os defeitos alheios						
32. Exijo sempre a busca do ideal						
33. Acho os outros mais capacitados						
34. Faço o que me dá vontade						
35. Rio interiormente do fracasso alheio						
36. Penso antes de agir						
37. Gosto de dar conselhos						
38. Sou crítico em relação a feitos e fatos						
39. Sou franco demasiadamente						
40. Sou muito emotivo						
41. Não me preocupo com a opinião dos outros						
42. Quando não concordam comigo, fico irritado						
43. Analiso os fatos sem emoção						
44. Gosto de orientar o grupo						
45. Esforço-me para ser aceito pelo grupo						
46. Procuro não agir pela emoção						
47. Aponto os pontos fracos dos outros para me defender						
48. Procuro não chamar a atenção						
TOTAL DE PONTOS						

PC = pai crítico, PN = pai natural ou protetor, A = adulto
CP = criança passiva, CR = criança rebelde, CL = criança livre

ANÁLISE DO TESTE

Para análise do teste, some os pontos de cada coluna e coloque os totais em um gráfico semelhante ao gráfico a seguir, e una os pontos. No exemplo abaixo, PC = 22, PN = 18, A = 24, CP = 16, CR 22, CL= 18.

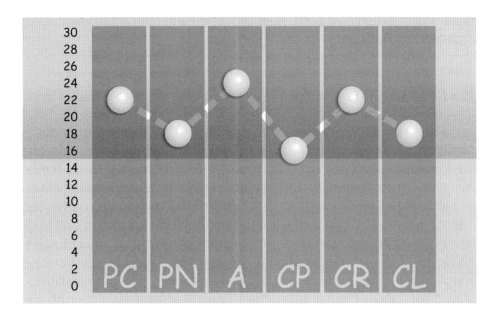

Informações importantes para analisar o gráfico:

A linha do meio, na altura do 15, indica o estado emocional intermediário. O PC ou PN abaixo da linha 15 pode significar que o adulto não teve influência desse educador. Adulto (A) muito alto em relação ao PC e PN indica que foi constituído com base nas suas próprias experiências e não na educação recebida. Começou a trabalhar muito cedo, por exemplo. Adulto (A) muito alto em relação às outras emoções significa uma pessoa muito séria e responsável, difícil de conviver.

Adulto (A) abaixo de uma das emoções (PC, PN, CP, CR, CL) significa que essa emoção foge facilmente do controle. Criança passiva (CP) abaixo da linha 15 significa passividade. Acima da linha 15, demonstra atividade, e até mesmo franqueza ao falar, a ponto de magoar as pessoas. Criança rebelde (CR) abaixo da linha 15 significa timidez, aceitação; acima da linha 15 indica rebeldia, ironia.

Criança livre (CL) abaixo da linha 15 significa aprisionamento do eu interno, pessoa que exige demasiadamente de si mesma. Acima da linha 15 indica liberdade do eu interno, pessoa que leva tudo na brincadeira. Pessoalmente, é bom, mas profissionalmente pode prejudicar a ascensão profissional.

Exemplo de análise

No exemplo do gráfico acima, o adulto (A) é resultado da educação recebida do pai crítico (PC) e do pai natural (PN), lembrando que pai é o responsável por sua educação, podendo ser o pai físico, a mãe física, padrasto, madrasta, ou seja, aquele que teve maior influência na sua formação. Nesse exemplo, o adulto (A) está no domínio das ações e emoções, mas, como a maior influência foi a do pai crítico (22), significa que a pessoa, apesar de ter domínio das emoções, quando contrariada, sai facilmente do sério e fica nervosa. Costuma ser franca e impositiva. Impõe suas ideias com demasiada ênfase. Tem facilidade para dizer "não". Precisa aprender a ouvir atentamente antes de dar sua opinião.

O pai natural (18) teve menos influência que o pai crítico (22) na formação do adulto, indicando que a pessoa precisa aprender a se colocar no lugar do outro para melhor entendê-lo. A criança passiva (16) está bem equilibrada, ou seja, a pessoa não é tímida, nem atirada. Se a criança passiva estivesse mais alto, passaria a ideia de uma pessoa atirada, corajosa e resolvida. Caso a numeração da CP fosse abaixo de 15, representaria dependência da opinião dos outros.

Como a emoção criança rebelde (22) está alta, significa que a pessoa costuma ser crítica e irônica. Se estivesse abaixa de 15, significaria uma pessoa calada, que não manifestaria sua discordância. A criança livre (18) está bem posicionada, indicando que a pessoa sabe brincar na hora certa e vive contente. Se a numeração fosse mais alta que 18, representaria uma pessoa muito espontânea, que não leva a vida com seriedade e faz brincadeiras na hora errada. Porém, se a numeração estivesse bem abaixo do número 15, indicaria uma pessoa séria e exigente consigo mesma e que precisaria soltar mais sua criança interior.

É importante ressaltar que nenhum teste é infalível e dogmático. Sempre haverá muitas variáveis a serem consideradas. Se você não estiver de acordo com o resultado, continue seguindo seu próprio parecer.

O objetivo de qualquer teste é dar à pessoa um instrumento de análise para que tenha um ponto de partida e possa se analisar, visto que ninguém saberá onde poderá chegar se não souber onde está e em qual direção seguir.

OUTRO EXEMPLO

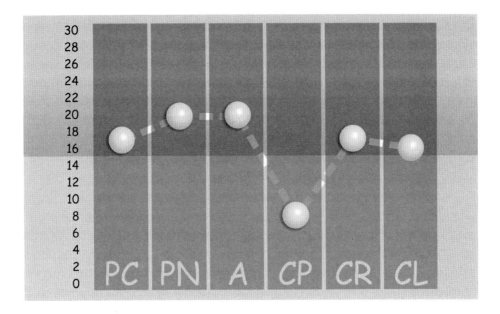

No gráfico acima, PC = 17, PN = 20, A = 20, CP = 8, CR = 17 e CL = 16. Nesse exemplo, a influência do PN (20) é maior que a influência do PC (17). Isso quer dizer que a pessoa tem a tendência de falar "sim", e precisa aprender a falar "não" quando for preciso. Age mais com o coração que com a razão. É realmente protetora.

Como o PN (20) está no mesmo nível do adulto (20), o adulto passa a ser cópia do pai natural. O certo e o errado passam a ser o certo e errado da pessoa que a educou (PN), como se continuasse com o cordão umbilical preso ainda ao educador. Precisa aprender a agir com sua própria lógica, aprender a se arriscar mais, permitir-se errar, porque errar não é errado, é errando que se aprende. Precisa ser boa e não boazinha. Precisa aprender a dizer "não" quando for preciso. A criança passiva (8) indica que a pessoa não tem opinião própria, tem pouca iniciativa.

CONTROLE DAS EMOÇÕES

O controle das emoções determina o grau de equilíbrio de uma pessoa ou, em outras palavras, o grau de humanidade. Aos animais se dá o direito de não ter domínio das emoções porque não têm o intelecto que estabelece os parâmetros da serenidade. Porém, a maioria das pessoas carece da serenidade para vivenciar contratempos, porque seu comportamento é gerenciado pelo sistema límbico em vez do sistema racional. Por qualquer contrariedade, descontrola-se, bastando, às vezes, uma reprimenda do chefe, uma repreensão paterna ou um leve desentendimento com a pessoa amada, para passar horas ou dias em tagarelice mental, perdendo, inclusive, horas de sono.

Muitas vezes, basta uma leve batida de carro, no trânsito, para pessoas íntegras se desentenderem, gerando sérias consequências, tendo de sofrer depois duras penas. O descontrole das emoções lota os consultórios dos psiquiatras e médicos, como também os hospitais psiquiátricos e as cadeias. Agir por impulso das emoções, mesmo de paixão amorosa, é desaconselhável. A emoção deve sempre estar sob o controle do sistema racional (neocórtex) que determina para cada momento da vida o comportamento ideal. A emoção é positiva e faz parte das alegrias do viver, mas é o adulto que deve determinar o momento certo de castigar, aconselhar, criticar, calar, rir ou chorar, e os momentos de ser sério ou de brincar.

E como conseguir essa serenidade? Como já foi mencionado antes, nos momentos de contrariedade, para chamar o adulto deve-se contar até dez, respirar fundo, ouvir atentamente, repetir, conferir e concordar. Contando até dez, a emoção se retrai e fica esperando a decisão da lógica racional. Lembro-me do conselho de minha mãe para minhas irmãs: "Se, um dia, seu esposo ficar nervoso, encha a boca de água e segure até que ele tenha desabafado". Em minha opinião, não é preciso tanto; basta respirar fundo e contar até dez.

PALAVRAS FINAIS

Não se procure nem à direita, nem à esquerda, nem atrás, nem na frente, nem em cima, nem embaixo. Procure-se dentro de você. Aí encontrará todos os motivos para ser feliz. Use a sabedoria e a coragem para alcançar a serenidade.

Comparar-se com os outros é não se valorizar. Não tenha inveja. Isso é se colocar abaixo dos outros. Não doe sua paz e alegria, apenas compartilhe-as.

Lembre-se de que a grandeza da pessoa não consiste em conquistar honras, mas em merecê-las. Para fazer amizades, usa-se a cabeça, mas para conservá-las, deve-se usar o coração.

Não perca pequenas alegrias, sonhando com grande felicidade. Se um dia, ao sair, sentir falta de algo, veja se não deixou sua criança em casa. Se assim for, volte para buscá-la. Se se sentir perdido, **vire-se pelo avesso** até se reencontrar.

REFERÊNCIAS BIBLIOGRÁFICAS

BANDLER, Richard. *Usando sua mente*. São Paulo: Summus, 1987.

BANDLER, Richard; GRINDER, John. *Sapos em príncipes*. São Paulo: Summus, 1982.

_____. *Ressignificando*. São Paulo: Summus, 1986.

_____. *Atravessando*. São Paulo: Summus, 1984.

EPSTEIN, M. *Pensamentos sem pensador*. Rio de Janeiro.

GOLEMAN, D. *A mente meditativa*. São Paulo: Editora Ática, 1996.

_____. *Inteligência emocional*. Rio de Janeiro: Editora Objetiva, 1996.

KERTÉZ, Roberto. *Análise transacional – uma nova técnica em psicologia*. Porto Alegre: Editora Sulina, 1974.

ROBBINS, Anthony. *Desperte seu gigante interior*. São Paulo: Makron Books, 1991.

ROBERTS, T.B. *Educação e relações transpessoais*. São Paulo: Editora Pensamento, 1996.

SUTICH, A. *Transpersonal psychology: na emergin force*. Journal of Humanistic Psychology, 1, pp. 77-78, 1968.

UNAT. *Prêmios Eric Berne*. São Paulo: Editora Mendes, 1983.

WALLACE, R.K.; VAUGHAN, E. *Além do Ego*. São Paulo: Editora Cultrix, 1970.

_____. *Physicological effects of transcendental meditation science*, 1970.

Contato com o autor

Site
www.cortezcursos.com.br

E-mail
vicortez@terra.com.br

Telefone
(11) 2501-2603

Para conhecer outros títulos, acesse o site **www.alaude.com.br**, cadastre-se, e receba nosso boletim eletrônico com novidades